Seres de paso

Rediseñar la vida después de una tragedia, es el trabajo más digno y gratificante que puede tener un ser humano

Eveline Goubert Lozano

Creadora del programa *Superando lo insuperable* y la metodología de apoyo en duelo *Yo pienso al r3v3s*

Título original: *Seres de paso*
Autor: Eveline Goubert Lozano
Derechos Reservados de Autor, 2020
Edición y corrección de estilo: Viviana Patricia Puentes Fuentes
Diseño de portada: Jaime Hernández B.
Amazon KDP
© 2020, Eveline Goubert Lozano
Creadora del programa *Superando lo insuperable* y la metodología de apoyo en duelo *Yo pienso al r3v3s*
Facebook/Instagram y YouTube: *Superando lo insuperable*

DEDICATORIA

Este libro está dedicado
a todos aquellos
que en algún momento de su vida
se han sentido perdidos,
sin esperanza,
atrapados en sus propias realidades
o simplemente,
sin ganas de vivir.

AGRADECIMIENTOS

A Oscar,
por mostrarme el valor del amor cada día
que amanece.
A Fabián,
por haber compartido conmigo la grandeza de ser padres.
A mi hermano Eduardo,
por permitirme creer en la bondad infinita del hombre.
A Adriana,
mi hermana por elección,
por haberme mostrado el camino.
A Jacquie,
por depositar en mí su confianza.
A mis padres,
quienes sembraron su semilla
para que yo pudiera dar fruto...
Y a todos los que creyeron en mí,
dándome fuerza para seguir adelante.
También,
a los que no lo hicieron,
porque a través de ellos
pude desarrollar mi fuerza interior...
A mis amigos,
por mostrarme la alegría.
Y a mi iglesia,
por fortalecer mi fe.
A todos ellos,
infinitas GRACIAS.

PRÓLOGO

El proceso de duelo o elaboración consciente de la pérdida de un ser querido es, sin duda, una de las experiencias más importantes que tenemos que vivir muchos seres humanos a lo largo de nuestra vida. Si es de un hijo, es aún más complejo, pues, además de alterar el orden natural esperado de la vida, confronta de manera real y profunda cada una de las realidades, creencias y expectativas de la vida espiritual, social, mental y física de un individuo.

Ahora bien, si es de tres hijos, solo puede ser que, o no haya reparación o lo que ocurra sea una transformación tan real y profunda como la que le ocurrió a la autora de este bello libro. Dicho proceso no solo sanó su dolorosa herida, sino que dio pie a que ella se convirtiera en una evidencia viva de resiliencia, paz interior y soporte para muchos.

Leer este texto y aprender de Eveline es un regalo que todos nos podemos dar, no solo si estamos en duelo, sino porque podemos entender lo esencial de los instantes, lo sentido y eterno del verdadero amor, y la realidad de la que todos estamos hechos.

Tal vez nadie, ni por supuesto esta autora, pueda saber el dolor que nos aguarda en cada nuevo día a cualquiera de nosotros; sin embargo, es bueno llevar un buen faro de luz para alumbrar cada paso en ese camino oscuro, un bastón para apoyarse firme ante un suelo de arenas movedizas, y un sentido profundo de que es mejor avanzar, que intentar huir o salir corriendo.

Pues bien, todo esto está en esta pequeña gran obra que usted ahora tiene en sus manos, estimado lector. Guárdelo como una joya pulida por las lágrimas de un corazón herido que, como ave fénix, renació de sus cenizas para iluminarnos el camino.

GRACIAS, EVELINE, por mostrarnos a muchos que es posible *superar lo insuperable.*

Santiago Rojas Posada*

Médico colombiano, especialista en cuidados paliativos y manejo del duelo.

*El Dr. Rojas Posada es también escritor, docente universitario, conferencista, y presentador del programa *Sanamente*, que se transmite por Caracol Radio.

❝Me duele el brazo.
Trato de acomodarlo y me duele más...

Aún entre dormida, trato de sentir.
Mi cabeza está embotada y no logro pensar con claridad.
Ahora entiendo que las dos terceras partes de mi cuerpo están hechas de agua, pues lo escucho dentro de mi ser.
Siento que estoy incompleta...
Sigo haciendo el recorrido y me doy cuenta de que, en efecto, algo me falta: mis entrañas; esas a la que todos hacemos referencia, pero no sabemos a ciencia cierta dónde están ubicadas. Ahora soy una persona en situación de discapacidad, con la diferencia de que la mía no se ve.

Me paro al baño y es difícil apoyar los pies contra el suelo.
Mi caminar es lento y siento todo el peso de mi cuerpo.

Lo que tengo no lo quiero, lo que tenía ya no está. ¿Cómo es posible que siga viva? ¿Cómo explicar que la piel duele, que un abrazo quema? ¿Cómo decir en palabras que siento cada hebra de pelo de mi cabeza?

Mi corazón palpita, a veces lento, otras veces más rápido de lo normal. ¿Todo esto es real? O pertenece a un mal sueño. ¿Dónde estoy? ¿Mañana será un nuevo día?

¿Seguir viva? ¿Cómo podré hacerlo? ¿Es lo que quiero?

De repente pienso en mi mamá y en cuánto me gustaría que estuviera aquí conmigo. Estar abrazada a ella y dormir con mi cara en su pecho, quisiera su protección. Trato de recordar su olor o el sonido de su risa, pero es imposible.

Ha pasado mucho tiempo desde que se fue, ese oscuro 26 de diciembre de 1992. Nunca creímos que un dolor de estómago fuera tan grave, pero sus defensas bajas, debido a una falla renal crónica, ocasionaron que su cuerpo perdiera la batalla frente a una salmonella adquirida al consumir una lata de arvejas.

Parece una historia irreal, pero solo nueve días después de ingresar al hospital y luego de dos paros respiratorios, entró en estado de coma. Tuvimos el tiempo suficiente para que, en silencio, nos pudiéramos despedir y así pudiera regresar a casa, como ella misma llamaba a la muerte.

Desde que recuerdo, la oí decir: "Cuando yo me muera...", y yo creo que varios hemos tenido presente esa frase aterradora; generalmente en forma de chantaje o amenaza, pero la de mi mamá no correspondía a esa situación.

> *-Cuando yo me muera, hagan una fiesta y bailen alrededor de una hoguera, como lo hacen ciertas tribus indígenas que celebran el regreso a casa.*

Esas habían sido sus palabras.

La muerte siempre es dolorosa. Hay miedo e incertidumbre a lo desconocido, pero es la única manera que existe para seguir viviendo y continuar nuestro camino.

¿Si no morimos, cómo podemos regresar?
Morir es avanzar; es nacer a una nueva vida, infinitamente mejor y perfecta, pero cómo duele aceptarlo y cuánto miedo nos causa tener que afrontarlo.

Ahora que he muerto en vida, sé lo difícil que es. Literalmente, me duele todo el cuerpo y me duele el alma. Quisiera evitar este proceso, hacerlo fácil. Pero no está diseñado para que así sea, ya que es uno de los eventos de la vida donde no interviene nadie más que nosotros mismos, un proceso individual, igual que nacer.

Podemos estar acompañados, apoyados, animados y más, pero finalmente, nadie puede caminar ese camino por nosotros.

Eveline Goubert Lozano

ÍNDICE

CAPÍTULO 1
EL REGRESO A CASA

*Morir es regresar a ese mágico lugar
de donde un día salimos.*

Miércoles 1 de junio de 2012

- ¡Mamá, Dios no me escuchó!

Esas palabras aún calan mis huesos. ¿Cómo podía Dios ser tan indolente?, que no me escuchara a mí estaba bien, pero a ¿Alejandra? ¿Una criatura tan pura, de tan solo once años? No supe qué contestarle.

Me quedé muda sin saber qué decir. Qué le podía decir, ¿si yo no tenía la respuesta?

Yo sentía lo mismo.

Cuántas veces he pensado: ¿Si hubiera actuado más rápido, si la hubiera llevado a la clínica antes, si hubiera sido más vehemente con el médico que la atendió, ¿de alguna manera habría podido evitarlo?

Cobarde culpa que se hace presente después de un evento, nunca antes. Como si después se pudieran cambiar las cosas, como si lo que pasa se pudiera anticipar. Pero es la primera que llega aun sin ser invitada, alimentada de frases sin sentido de los que te rodean; de preguntas sin respuestas, de remordimientos absurdos. Unas veces real, otras ficticia, pero ciertamente, incorregible.

> **"** *...Cobarde es la culpa que se hace presente después, nunca antes*

A través de ella tratamos de entender lo que es imposible; buscamos algo o a alguien, así sea a nosotros mismos, para cargar la responsabilidad, ya que nos sentimos mejor cuando intentamos entender lo inentendible, poniéndolo bajo la lupa de la razón.

Vamos por la vida viviendo sin vivir, pensando que la vida le pasa a los demás, no a nosotros. Las tragedias son para el resto de la gente, ¿y Dios? Dios es solo para los que lo necesitan, o sea para los que tienen problemas, no para nosotros.
***

Supe que algo había cambiado el mismo día de mi cumpleaños, ese 9 de junio de 2000 al levantarme en la mañana, cuando le dije a Fabián:

-... ¡Estoy embarazada!

Lo sentí, simplemente lo supe. Fui al baño con la prueba en mis manos; sabía exactamente la fecha de concepción, tanto así, que ni siquiera creía necesario validarla.

Y es que desde que Mateo cumplió cinco años, decidimos que no sería hijo único; que estaría acompañado en la vida, que le daríamos un hermano como prueba de nuestro amor por él.

¡Qué arrogantes llegamos a ser los seres humanos! Creyendo que todas las decisiones dependen de nosotros; nos creemos dueños de la vida, sin lograr ver que, simplemente, somos instrumentos para hacerla posible.

Cuando logramos reflejarnos en la impotencia, nos damos cuenta de nuestra grandeza.
Los médicos decían que sería cuestión de un milagro; el tiempo había pasado y ya llevaba cinco embarazos extrauterinos, que además de ser muy dolorosos, ponían en riesgo mi salud.

Mi aparato reproductor estaba atrofiado y parecía ser incapaz de concebir. Pero de nuevo la arrogancia de la sabiduría fue derrotada.

¡Sabía que algo se gestaba dentro de mí cuando la prueba salió positiva!, eso, a pesar de que cabía el riesgo de que el embrión no estuviera implantado en el útero, pero yo sabía que todo estaba bien. ¡Tendríamos otro hijo! [el tercero de nuestra unión]. Sin duda, había ocurrido un milagro.

Nicolás, nuestro primer hijo, había llegado quince años atrás, cuando yo apenas tenía dieciocho. Es decir, habían pasado ya catorce años de aquel sórdido momento. Mateo, el segundo, tenía ahora diez años.

Digno de la arraigada cultura cafetera de la ciudad de Armenia, a donde nos habíamos trasladado justo un año atrás, el médico confirmó la noticia:

- ¡Se ve como un granito de café!

Ahora, a esa edad mágica de treinta y tres años, como mi mejor regalo de cumpleaños, sería de nuevo testigo de la mayor alegría que puede sentir una madre.

Una niña venía en camino…
La felicidad no podía ser más grande, pues finalmente sentíamos que la foto estaba completa; solo faltaba Nicolás, pero sin reconocerlo, habíamos aprendido a vivir sin él.

El niño mayor, la hermosa pequeña, dos padres jóvenes; todo en orden, en nuestro perfecto e irreal orden. Como si la vida misma fuera ordenada.

A las 5:05 de la tarde de ese 16 de febrero de 2001, Alejandra estaba frente a mí; nos miramos fijamente y recuerdo que me intimidó su mirada penetrante.

Esa pequeña y hermosa criatura tenía carácter, sabía muy bien a qué venía al mundo. De hecho, esa primera noche no molestó para nada, era como si me quisiera decir: "Salgamos rápido de aquí que tengo afán de empezar a vivir" y, efectivamente, tenía afán de vivir; a los tres meses ya se sentaba sola perfectamente erguida y a los ocho meses ya caminaba; a los cuatro años leía y así, todo en ella iba rápido. Tan rápido como ahora su vida pasaba frente a mis ojos.

No podía entender que once años después de su nacimiento, me estuviera cuestionando sobre cómo puede la vida cambiar en un instante; pero ya lo sabía, no era la primera vez que era testigo de eso.
No podía creer que fuera real, que estuviéramos allí sentados, viendo a mi niña luchar contra la muerte.

¿Dónde estaba escondida su alegría? Las paredes blancas, el silencio de la gente, mezclados con el sonido de los aparatos médicos de cuidados intensivos, se habían quedado con su risa, su mirada brillante y su determinación de ser feliz.

Le encantaba bailar y actuar, pero ese día ni siquiera fue al colegio, sabiendo que tenía los ensayos del baile de la celebración de la familia. Eso era ya suficiente motivo para llevarla a la clínica, pues, siendo ella la protagonista del show, faltar era demasiado. Eso mismo le expusimos al médico en la primera consulta, pero esas cosas insignificantes, parece que solo importan a los padres… Esos detalles carecen de importancia, ante la autoridad del que cree saberlo todo y se atreve a pasar por alto las observaciones de quienes realmente conocen a sus hijos.

Dolor de estómago, decaimiento, malestar general, vómito, náuseas y mucha sed, fue lo que describimos al médico. Diagnóstico (equivocado, por supuesto): *gastritis*. Parecía razonable. El estrés de aquel acto de colegio podía haber puesto su cuota, más aún en ella que todo lo hacía con tanta responsabilidad.

Recuerdo cuando la regañamos por estar despierta estudiando hasta tan tarde, por haberse quedado dormida durante el día. Le dije que enviaría una nota a la profesora explicando la tarea incompleta, algo que era un caso aislado en ella.

> *– Mamá, ¿cómo crees que yo pueda llegar con una nota tan ridícula? ¡Las cosas se hacen bien o no se hacen! ¿Qué clase de respuesta sería decir que me quedé dormida?*

No tuvimos opción, así que vimos la luz de su habitación prendida hasta que nos quedamos dormidos.

Al llegar a casa con todos los medicamentos para seguir al pie de la letra, nos sentimos tranquilos. Finalmente, era algo de control que pasaría pronto; ya tendríamos el fin de semana completo para su recuperación.

Ese sábado no fue bueno. Alejandra intentaba no quejarse para no preocuparnos; pero al despertar el domingo y saber que los síntomas persistían, decidimos llevarla de nuevo a la clínica.

En silencio, la acompañamos Fabián, Mateo y yo. Otra señal de atención: toda la familia, un domingo a las nueve de la mañana, en urgencias. Mateo, como era normal a sus veintidós años, había salido la noche anterior, pero el amor por su hermana podía más que el cansancio. Estando juntos nos sentíamos más fuertes.

***

Recuerdo bien ese 3 de junio de 2012...

> **66***...Resolver el pasado en el presente, es tan cobarde como la misma culpa*

Un segundo médico examinó a Alejandra. A él describimos de nuevo los síntomas; luego, sin mucho esfuerzo, ese doctor reconfirmó el diagnóstico anterior. ¿Podía una gastritis, ser tan molesta?

El respeto por la autoridad en el tema, sumado a la confianza en una excelente institución médica, nos devolvió a casa.

Fue así como Alejandra se quedó dormida, pero su sueño me intranquilizó; era demasiado profundo, parecía no estar presente.

No quise esperar a que llegara Fabián, así que le avisé que iba de nuevo a la clínica, donde nos encontraríamos más tarde.

Esta vez la atendió un tercer médico.

Hoy todavía me pregunto, ¿por qué a la misma clínica?, ¿he debido llevarla a otro lado? De nuevo la cobarde culpa saliendo de su escondite...

Supongo que sí, pero en ese momento creí estar haciendo lo correcto.

Ahora entiendo que intentar resolver el pasado en el presente es tan cobarde como la misma culpa. Cuando nos devolvemos al mismo contexto, nos damos cuenta de que volveríamos a hacer lo mismo, si las circunstancias fueran iguales.

> **"***El dolor es necesario. Intentar evitarlo causa mayor daño, que atreverse a enfrentarlo***

Mi sensación era similar a la que imagino puede tener un herido, cuando es atendido por la ambulancia: "Estoy a salvo, ellos son los que saben, ya estoy en el lugar correcto".

Los médicos tienen un poder tan grande en la sociedad porque simbolizan autoridad y respeto para los pacientes; su palabra es la ley y su conocimiento es la tranquilidad del paciente, o por lo menos debería serlo.

Fabián llegó muy pronto, no recuerdo si Mateo estuvo ahí o no. La verdad no recuerdo mucho de ese primer instante cuando mi vida se detuvo.

 - *Azúcar en 570. ¡Por Dios! La niña tiene diabetes tipo 1. Debe ir a cuidados intensivos, inmediatamente.*

 Y luego todo parecía tan absurdo...

 - *Cetoacidosis diabética es la peor complicación de esta enfermedad, y Alejandra la tiene. ¡El riesgo es muy alto!*

Sentí que la perdía. El miedo se confunde con la realidad, y la realidad es aterradora.

 ¡Pero si Aleja apenas estaba empezando a vivir!

La complicación médica más fuerte por la que ella había pasado, había sido cuando creímos que se había partido un dedo de la mano jugando, y nos tocó enfrentar su frustración y mal genio al confirmar que solo era una inflamación; sin embargo, la entablillada y los consentimientos extremos la hicieron sentir mejor.

Fabián, Mateo, y yo nos abrazábamos fuerte, como si estar juntos pudiera diluir el momento. Esa noche dormimos todos en la misma cama, como intentando impedir que la muerte se metiera en medio de nosotros.

Frente a ella, hablábamos sin palabras, como supongo debe ser la comunicación en el cielo; nuestras almas se comunicaban sin saber cómo pasaba.

Fue entonces como, después de veintiséis años, sacamos a Nicolás, nuestro primer hijo, del baúl de los recuerdos...

Había sido el 22 de diciembre de 1986 cuando ya habíamos vivido este mismo infierno; cuando Nicolás "regresó a casa", como le decía mi mamá a la muerte, un día después de nacer.

Nicolás...

¿Cómo había podido seguir sin su recuerdo? ¿Sin una foto? ¿Sin un abrazo, sin su olor? Pero la vida había continuado, por lo menos hasta ahora que lo recordaba. Cómo duele el miedo, la inmadurez, la necesidad de ser aceptado. Todo eso había hecho que le hiciéramos caso al médico que había atendido el parto, quien dijo que era mejor que dejáramos que la clínica se encargara, para que el proceso fuera menos doloroso.

Pero el dolor es necesario en el proceso. Intentar evitarlo causa mayor daño que atreverse a enfrentarlo.

Ahora entiendo cómo el entendimiento se nubla, pues tal vez si hubiera sido capaz de preguntar qué significaba que la clínica se encargara, seguramente habría actuado diferente.

De nuevo el pasado, queriendo colarse en el presente.
Así lo hicimos. Ese afán por no sufrir que nos seduce tanto; ese afán de evitar el dolor, que es inevitable. Agarrados de la mano de un adulto responsable, cuando nos sentimos como el niño más vulnerable e insignificante de todas las criaturas del universo.
Y fue así como Nicolás se quedó allí, y nosotros sin él.

Tal vez la mejor manera de superar ese horror era ponerlo bajo llave en el baúl de los recuerdos, y extraviarla después; pero nada sin procesar se queda escondido para siempre.

Había llegado entonces la hora de abrir ese baúl, de recordar y llorar a nuestro primer hijo. Su presencia se sentía en el ambiente, dejándonos saber que había perdonado nuestro proceder, y que el amor no tiene condiciones.

Nadie nos dijo que nuestros hijos vivirían para siempre, pero así lo asumimos; nadie nos dijo que todos morimos de viejos, pero es nuestra verdad. La muerte siempre llega de sorpresa, siempre. Aún en procesos terminales, no podemos anticiparnos a ella.

Ahora veo sufrir gente porque no estuvo presente en el momento en que sucedió o porque no le alcanzó el tiempo para más. Pero, ¿será que el tiempo alguna vez es suficiente? Siempre quisiéramos un instante más, un minuto, una experiencia, una palabra adicional, un abrazo extra, un último beso, una última mirada.
Nunca será suficiente.

Hoy día entiendo que "el regreso a casa" es una experiencia única, personal e intransferible, y para la cual no existe diferencia si se vive solo o acompañado, pero el ego nos juega malas pasadas, porque es el que nos lleva a creer que habría podido ser diferente si hubiéramos estado allí.

Ojalá fuéramos conscientes de que ni la vida ni la muerte nos pertenecen, que simplemente somos instrumentos; así como ese bello violín que por sí mismo no es capaz de producir música.
En un cuarto aislado, con gente desconocida, sin entrada de luz natural, allí estaba Aleja. Su conciencia en otro lado, sin que yo pudiera hacer nada por ella; solo mirarla, abrazarla y besarla, sin que eso hiciera la diferencia; pero en aquel entonces, nada a su alrededor logró interrumpir ese duro momento.

Qué difícil es entender cuando nuestros hijos dejan de necesitarnos o cuando acaban los instantes en que requieren de nuestra aprobación o acompañamiento. Supongo que así se siente verlos crecer y tomar sus propias decisiones; cometer sus propios errores, y elegir su propia y particular forma de vida.

Mi mente no podía ubicarse en la realidad. ¿Era el pasado el que regresaba? ¡Pero si esto ya lo habíamos vivido antes!

¿Junta médica? Y de un momento a otro, como en un abrir y cerrar de ojos, retrocedí en el tiempo.

CAPÍTULO 2
EL VALIENTE NICOLÁS

*Valentía es hacer lo que a veces
preferiríamos no hacer*

Junio de 1986

-Tengo malestar, me siento cansada y con náuseas, le dije a mi hermana recostándome en sus piernas, mientras veíamos televisión.

Y así pasaron varios días, pero el malestar no disminuía. Lejos de imaginarme aquello, acepté hacerme un examen de embarazo cuando Fabián me lo propuso; no lo podía creer, pero de todas formas decidimos hacer la prueba, solo para estar tranquilos, y con la convicción de que el resultado sería negativo.

No recuerdo bien el momento del examen, pero sí perfectamente el momento de la entrega. Fue un sobre cerrado que rompimos los dos al tiempo. ¡Era positivo!

Un resultado cambia la vida. En ocasiones para bien, otras, lo contrario, pero definitivamente cambia la vida.

¡Íbamos a ser papás! El susto que teníamos y el malestar que sentía pasaron de inmediato a un segundo plano. Fabián me alzó en sus brazos y comenzó a darme vueltas en el aire. La emoción era gigante. ¡Nada tenía más valor que eso! ¡Un bebé venía en camino!

Tras la euforia del momento, llegó el miedo. Miedo a afrontar la verdad o quizá miedo al qué dirán. ¿Cómo íbamos a dar la noticia? ¿A quién primero? ¿Qué pasaría después? Todo era incertidumbre, pues éramos apenas dos jóvenes, él de veintidós años, y yo, de dieciocho.
Mi experiencia más difícil había sido tomar transporte público y la de Fabián, aprender a manejar moto, y, de hecho, fue así como nos conocimos.

Una vez fue confirmada esta noticia, nos dimos cuenta de que ya nada volvería a ser igual. El primer paso fue dejar la universidad. Al tomar la decisión de casarnos, mi papá me entregó toda la responsabilidad de mi vida, incluyendo mis estudios.

La boda fue un miércoles, porque era el único cupo libre en la iglesia del barrio, con poca gente y un ambiente enrarecido.

En ese entonces Fabián tuvo que vender la moto para pagar algunas deudas y conseguir un apartamento donde pudiéramos vivir. La vida había cambiado, y nosotros con ella. Sin embargo, a pesar de todas las dificultades, éramos felices, muy felices.

Soñábamos con la llegada de nuestro hijo y pasábamos horas imaginándonos a quién se parecería. ¿Tendría mi nariz? ¿De qué color sería su piel? ¿Moreno como Fabián, o blanco, como yo? Recuerdo haber pensado que me encantaría que tuviera su color de ojos, no muy definido entre café claro y verde oscuro.

Sin duda, ese fue un tiempo de sueños y esperanzas.

Fabián, en ese momento mi esposo, había aprendido desde muy joven el arte de comercializar vehículos usados, por lo que se esforzaba para que nada nos faltara.

Mientras tanto, mi barriga iba creciendo de una forma acelerada, hasta que llegó aquel día, cuando salió mucha agua de mi cuerpo. Llamé al médico y de inmediato nos fuimos para la clínica. Nicolás nacería pronto.

Nos dijeron que debían acelerar su maduración pulmonar con un medicamento, porque apenas iba a cumplir siete meses de gestación. Pero él no podía esperar tanto, así que decidió nacer ese 21 diciembre de 1986.

Recuerdo bien que no pude sostenerlo en mis brazos ni un instante, porque corrieron con él a la sala de cuidados intensivos, donde estuvo conectado a un sinfín de cables y aparatos. Así que no logré ver de qué color tenía los ojos, ni la forma de su nariz. Su piel era blanca y parecía tener el pelo claro como el mío. No hubo momento para amamantarlo, ni para tomarle una foto. Tampoco para decirle cuánto lo amaba.

> *-Papás, el bebé ha presentado tres paros cardiorrespiratorios y existe un probable daño cerebral. ¿Qué debemos hacer si se presenta otro paro?*

En ese momento el dolor invadió nuestra vida y nuestros sueños.
¿Y ahora?

-Doctor, solo déjelo ir...

Fue nuestra dolorosa respuesta al médico que estaba frente a nosotros.

Qué valiente tiene que ser un ser para venir a este mundo y regresar casi de inmediato.

***

Viendo a Alejandra acercarse a la muerte, mis sentimientos se revolvían al revivir el dolor veintiséis años después.

Supe también, que lo que me hizo abrir el baúl de los recuerdos y dejarlo allí, fue la vergüenza. Era el sentimiento más fuerte y profundo, al no poder cumplir la expectativa del resultado esperado de un embarazo. Ahora, sin barriga y sin bebé, debía resistir las miradas, las preguntas. Enfrentarme al mundo.

Los dolores que acumulamos en la infancia hacen estragos en nuestra vida; el mío era sobre la aceptación, ya que, por alguna razón y muy en el fondo de mí misma, yo creía haber nacido en el momento equivocado, más como un problema, que como una bendición. No importa si es algo cierto o no lo es, pues lo que nos marca, es lo que alcanzamos a creer. Aquel pensamiento hizo que creciera con la necesidad de ser aceptada, por lo que durante muchos años me esforcé en agradar a los demás. El miedo a decepcionar invalidaba mis sueños. Como se diluía en ese momento mi sueño de ser mamá, y alimentaba la vergüenza de lo que para mí constituía un evidente fracaso.

He visto como esas heridas de la infancia y el duelo van por la vida tomadas de la mano como grandes aliados del dolor, lo que hace urgente reconocerlas y reinterpretarlas para quitarles el poder que han adquirido. Traer a la memoria a Nicolás me alivió; no era tarde, porque nunca lo es cuando se trata de afrontar y expresar esos sentimientos profundos que llevamos guardados con nosotros. Por años había elegido esconder el dolor, no hablar de ello. Con seguridad porque había desarrollado patrones de comportamiento errados, como huir…

Ahora que vivo con plena consciencia, he podido entender varios de esos mecanismos de defensa que todos de alguna manera adoptamos ante las adversidades.

***

Con Alejandra en cuidados intensivos, la experiencia de Nicolás renacía. Se había activado mi memoria y, con ella, el amor escondido por mi pequeño valiente. De repente, toda mi vida empezó a rodar a mil revoluciones por minuto.

Recordé cómo estaba vestida y hasta cómo estaba peinada el día que rompí fuente. Recordé el sentimiento de incertidumbre al verme por un instante sola en el cuarto del hospital, sin entender el riesgo que corría. Recordé el día que conocí a Fabián, e incluso las palabras que cruzamos…

Me detuve en la única imagen de Nicolás que aún queda en mi memoria, quien jamás dejará de ser parte de mí; la forma de sus piernas y el poco pelo en su cabecita quedarán guardadas en mi corazón por siempre.

Tenemos miedo al olvido, pero ahora sé que un hijo es imposible de olvidar, aun sin siquiera haber podido sentir su olor.

Así llegaron a mi memoria episodios
que nunca creí relevantes.

Recordé cómo a los ocho meses mi hija Alejandra aprendió a caminar: era impresionante ver a una bebé tan pequeña —porque su talla siempre fue pequeña—, andando con tanta propiedad.

Como un regalo especial para mí misma, había tomado la decisión de no trabajar fuera de casa durante los tres primeros años de cada uno de mis hijos. Tal vez sabía que el tiempo con ellos era un tesoro y no estaba dispuesta a que nada se interpusiera.

Cada pequeño, en su individualidad, me hizo regresar a lo básico, a lo que verdaderamente importa: el amor incondicional. Es así como creo que se aprende a medir el éxito y la abundancia. Sigo creyendo que nacemos con más información que con la que crecemos, siendo necesario olvidarla para hacer viable la vida, aprendiendo a coexistir con el misterio.

Con argumentos suficientes, a finales de ese 2001, ocho meses después del nacimiento de Alejandra, decidimos regresar de nuevo a Bogotá, con la excusa de que Fabián pasaba más tiempo allí, que en esa ciudad encantadora que es Armenia, donde vivíamos. Mateo entraba a la preadolescencia y la familia empezaba a hacer falta.

¿Cuánto tiempo podemos esconder una verdad detrás de una disculpa?

Si bien la disculpa sonaba razonable, en el fondo los dos sabíamos que era una excusa para no enfrentarnos a tener que arreglar asuntos no resueltos en nuestro matrimonio, los cuales cargábamos en la misma maleta con la que viajamos de una ciudad a otra.

De todas formas, ya lo habíamos hecho antes, cuando en 1998 habíamos salido de Bogotá, pensando que al huir nuestros problemas matrimoniales se quedarían por el camino, pero cuatro años después regresábamos a nuestra ciudad sin aprender que en la oscuridad del silencio las dificultades toman fuerza.

Por veinticinco años nos llenamos de disculpas, hasta que fue imposible sostenerlas, pues era ya demasiado tarde, así que decidimos divorciarnos al ver que los problemas entre nosotros se habían salido de control.

Ahora, en medio del miedo más grande de nuestras vidas y el dolor desgarrador de ver a Alejandra tan ausente, agradecíamos el estar acompañados, aunque no unidos, después de haber tomado la determinación de no guardar rencores ni resentimientos que pudieran entorpecer la crianza de nuestros hijos. Ninguno dejaría jamás de ser papá o mamá, pues la palabra *ex,* en este contexto, no aplica.

"*Qué importante es el silencio, cuando no sabemos qué decir...*

***

- Minnie.
- ¿Dónde está Minnie? Preguntamos casi al unísono.

Minnie había sido un regalo de nacimiento que se había convertido en su adoración. Un muñeco sin el que Alejandra no podía conciliar el sueño, a quien le apretaba su manita para rascar su mejilla izquierda, mientras se chupaba el dedo de su mano derecha.

¿Por qué no despierta?

Verla ahora tan quieta, en esa cama, sin que le importara tener que dormir allí, al lado de ruidos y gente desconocida; sin sus pertenencias, sin sus padres, sin su hermano que era su adoración, sin *Minnie.* ¡Hija, por favor, despierta!

Mientras tanto, Mateo entraba y salía. No hablaba mucho, realmente nunca lo hizo. Pero sus ojos reflejaban angustia y desconcierto. A sus veintidós años no sabía que estas cosas podían pasar. Sus ojos me decían con angustia que hiciera algo por su hermana, pero yo también me sentía impotente.

La mañana después de que Alejandra quedara en cuidados intensivos, muy temprano, se levantó agitado, me pidió que le consiguiera el teléfono del pastor de nuestra nueva iglesia; no tenía sus datos, pero lo necesitaba, porque siempre necesitamos alguien que nos dé esperanza, y muchas veces la persona en la que nunca pensamos, es quien tiene la palabra correcta o la mirada requerida.

Manuel llegó a la clínica como si fuéramos amigos de toda la vida. Su abrazo fue como si el mismo Dios nos estuviera abrazando. Tal vez Mateo le había tomado tanto cariño porque hablaba poco, igual que él. Decía lo necesario, pero cada palabra estaba llena de amor y sabiduría. No decía mentiras, ni generaba falsas expectativas, solo estaba ahí para nosotros.

Qué importante es el silencio cuando no sabemos qué decir...

Su sola presencia nos llenaba de tranquilidad. Cada vez que recuerdo lo importante que fue Manuel en ese momento, se reafirma mi creencia de que Dios también se manifiesta a través de las personas. Y hoy, que soy yo quien sirvo de instrumento para que Él pueda hacerse presente en la vida de alguien que está pasando por un dolor semejante; hoy, que voy acompañada de mi voz para trasmitir luz, esperanza y amor a través de la historia que viaja conmigo, reafirmo Su bondad.

Actualmente estoy convencida de que lo que más valida mi trabajo es saber cómo duele el dolor, entender la mirada perdida y la voz que no sabe qué decir; saber cómo se vacía el alma, cómo quema la piel, cómo la cabeza no soporta el peso del pelo.

Reconozco cómo un abrazo puede lastimar si es demasiado prolongado; entiendo la discapacidad del ser, ya que en las entrañas nos falta algo que no podemos explicar. Sé lo que se necesita y lo que no en ese doloroso instante, y también, cuánto vale una buena compañía. Por eso me llena de amor y satisfacción poner mi dolor al servicio de los demás.

Después de haber pasado por tanto miedo e incertidumbre, compartir mi historia me ha llenado de valentía y razones para seguir adelante.

Fueron muchas las noches sin dormir por cuenta de las preguntas que no cesaban...

¿Qué voy a hacer con todo esto que siento?

¿Dónde voy a poner todo el amor que me queda sobrando?

Bien habría podido llenar mi vida de odio y resentimiento. Vivir en pelea constante, hasta que llegara mi turno de partir, pero decidí caminar por el camino contrario y bajar a Dios del cielo.

Porque también sé que a veces el cielo está muy lejos.

Tomé la firme decisión de **Agarrarme del mástil**, como me gusta llamar a Dios, porque el dolor nos obliga a buscar en lo sobrehumano lo que se sale de control de lo humano; es por eso que nos acerca a Él, así sea en modo pelea.

Es como cuando un padre le niega un capricho a un niño porque sabe que es lo mejor para él. Es normal que el niño no entienda las razones y pelee; que se encierre sin querer hablar, que llore y llegue a cuestionar la bondad de su progenitor. Pero no por eso el padre cumplirá el deseo del niño, y solo resta esperar a que este se calme y salga de su escondite para abrazarlo de nuevo, dejándole ver que su dolor también es de él, y que lo abrazará y lo acompañará en su camino, esperando que llegue el día en que lo pueda comprender, así no sea en esta vida.

Los recuerdos iban y venían, como queriendo reemplazar el presente.

Mi Aleja bailaba hermoso, su gracia y su belleza la hacían única. Y pensar que debía estar en la fiesta de la familia de su colegio, en lugar de una sala de cuidados intensivos. Era urgente que saliera de allí para preparar la obra de teatro de diciembre, puesto que llevaba varios años ganando el *casting* del personaje principal, donde hacía alarde de su perfecto inglés.

***

Qué ironía, tan solo un mes antes de estar en esa horrible sala de cuidados intensivos, estábamos en un lugar maravilloso, pues como regalo de cumpleaños quise ir con ella a Cartagena, la tierra de mis ancestros.

Ahora me detengo en esa sensación urgente de llevar a Alejandra de viaje, como si quedara poco tiempo para hacerlo, motivo que me llevó a comprar los tiquetes la misma noche que tuve la idea, sin pensar en nada más; sin siquiera pedir permiso, o vacaciones adelantadas en mi trabajo.

El viaje era un hecho y además tendría una premisa: a todo le diría que sí. Así se lo dije a Alejandra cuando le di la sorpresa.

En este viaje puedes pedir todo lo que quieras y vamos a hacer todo lo que quieras hacer, porque la respuesta va a ser sí. Esa fue mi promesa. Finalmente, ¿qué exigencias podría tener una niña como ella?

Hicimos las compras correspondientes: vestidos de baño, algo de ropa de verano y eso fue todo. La idea de ir ella y yo solas de paseo, nos hizo sentir dichosas. Lo habíamos llamado un "viaje de chicas".

Al llegar a nuestro destino, quise recorrer con ella cada paso de mi infancia tan feliz en esa hermosa ciudad; incluso, hacer las veces de guía y mostrarle todos los sitios históricos.

Recuerdo que no despegaba los ojos del guía que nos mostraba el imponente Castillo de San Felipe. En primera fila, no paraba de preguntar si todo aquello que contaba era real, si verdaderamente los piratas habían existido y no pertenecían solo a los cuentos.

Para tener muchas fotos debía ofrecer un buen argumento o, de lo contrario, no lo lograría. Fue cuando en una conversación de grandes, le expliqué a Alejandra lo frustrada que me sentía de no tener suficientes fotos con mi mamá —quien murió antes de que la tecnología avanzara—, y esperaba que, por el contrario, ella pudiera tener muchos recuerdos de las dos. Su sonrisa iluminaba el mar de mi infancia, sin saber que todo esto jugaría a mi favor, al ser yo quien tuviera los mejores recuerdos con ella. Era como si la muerte me hablara en un lenguaje distorsionado.

Como la premisa del viaje era "Sí" y los niños saben aprovechar muy bien los momentos de debilidad, una noche caminando por el Centro Histórico me dijo algo que me tomó por sorpresa.

-Mami, quiero un tatuaje.

¡Oh, oh! Esta solicitud no estaba en mis planes, pero no podía faltar a mi promesa. Así que accedí. Fue así como una hermosa **mariposa negra** —un tatuaje temporal—, quedó plasmada en su espalda, la cual mucho más adelante, tendría un sentido muy especial desde la simbología.

¿Quién iba a pensar que algún día pudiéramos estar viviendo esta pesadilla?

Unos a otros nos dábamos ánimo y decíamos que todo iba a estar bien, pero lo cierto es que la confusión, la duda y la rabia era todo lo que teníamos.

Cada segundo se hacía peor que el anterior.

No nos permitieron entrar juntos a cuidados intensivos, así que Fabián tomó el primer turno.

- ¡Aleja!, ¡Aleja!, ¿Quién soy yo?

-Sí, papá, yo sé que eres tú, pero por favor déjame dormir.

Nos tranquilizó su estado de conciencia y hasta su mal genio.

Cuando fue mi turno, estaba siendo trasladada a la sala de imágenes donde le iban a realizar un *TAC* cerebral; en el trayecto por los pasillos de ese frío hospital, Alejandra abrió sus ojos.

- ¡Mamá!, ¡mamá! Me duele mucho la cabeza.

Fueron esas las últimas palabras que escuché de mi hija.

Más tarde se confirmaría lo que tanto habíamos temido: un edema cerebral que hacía más difícil su posibilidad de vivir.

Era el momento justo para un milagro.

Dormida, mi hija estaba conectada a infinidad de tubos y máquinas; igual que Nicolás, hace tanto tiempo atrás. De nuevo me preguntaba, ¿cómo había logrado vivir sin mi pequeño?

Ahora vienen a mi mente los rostros de amigos y familiares que estuvieron con nosotros, como las compañeritas del colegio que desfilaban con sus padres por los pasillos de la clínica llevando cartas y dibujos que pusimos en el cubículo de la U.C.I., esperando que Alejandra llegara a verlos y que eso la hiciera reaccionar y querer volver pronto a su colegio, que tanto le gustaba.

Todos se peleaban el turno para entrar a verla, esperando que su voz fuera la que la despertara, mientras cada uno guardaba la esperanza de ser partícipe de ese momento.

¡Cuántos ruegos, cuántas súplicas pidiéndole a Dios por su vida, cuánto miedo de perderla! ¡Cuánto dolor!

Mateo nos invitó a ayunar esos días, tratando de chantajear al dueño de la vida, mostrando nuestras mejores intenciones a cambio de la sanación de Alejandra.

Ya ni recuerdo cómo fue posible pasar esos momentos. ¿De dónde salía nuestra fuerza?, ¿Quién nos sostenía, si creíamos que Dios nos había volteado la espalda?

Las noches eran interminables, y el miedo, aterrador.

Tan solo tener el teléfono cerca y pensar que pudiera sonar a la madrugada con la noticia que no queríamos escuchar, era un verdadero tormento. Muy temprano, llegábamos al hospital con la esperanza de una mejoría que no se daba.

Yo, de rodillas en esa fría sala de espera, pidiéndole a Dios que salvara a mi hija. Era tan fuerte mi oración que no podía pasar inadvertida… Si se necesitaba una semilla de mostaza, yo tenía toda la planta de la FE.

Mientras tanto, la vida de Alejandra se desvanecía a pasos agigantados.

Recuerdo los ojos brillantes y la sonrisa de mi hermano al recordar el sueño que tuvo y que me relató así:

> -Estábamos en una competencia de 'boogies'... Era una zona muy montañosa, donde había mucho lodo y no era fácil avanzar; allí estaba Aleja, en su lucha por ganar la carrera, alcanzando la meta y yo celebrando con ella su gran triunfo.

¡Para mí, que ahora me había convertido en analista de sueños, era claro! Ganaríamos esta batalla.

El llamado a una junta médica nos aterrizó en la realidad. El rostro de los médicos decía lo que no queríamos entender: se había confirmado muerte cerebral, por lo que nos pedían autorizar la desconexión de los aparatos que la sostenían a la vida.

Aunque tan solo habían pasado tres días, en esas setenta y dos horas habíamos visto pasar delante de nosotros la vida entera.

Allí quedaban nuestros sueños e ilusiones perdidas.

¿Dónde había quedado nuestra fe? ¿Por qué Dios no la había tenido en cuenta? Sentí el abandono más grande que pueda sentir una persona: el abandono de Dios.

¿Cómo podía ser tan cruel y quitarme uno de mis más grandes regalos? ¿Acaso no habíamos pagado ya el precio del dolor con Nicolás? Al no entender nada, culpamos al dueño de los misterios, porque alguien debe tener la responsabilidad.

No sabemos vivir con la incertidumbre y por eso buscamos depositar nuestros sentimientos en otro. En este momento no es posible pensar diferente, eso es algo que se aprende luego, sin el dolor ciego que quema nuestra herida. Cuando logramos hacerlo, se nos alivia el alma, pero por el momento es tiempo de reconocer y aceptar la realidad.

A los hijos los vemos como un regalo, y tal vez eso refuerce el hecho mismo de que sintamos que nos lo quitan; que cuando se van, como mi Aleja, el inmenso vacío se sienta como si alguien los hubiese arrancado de nuestro lado; como si nos los hubieran robado, en un acto vandálico y cruel. De ahí, que no podamos ver a Dios con otros ojos, sino de rabia, como un ser inhumano, porque nuestra fe y conocimiento se pierden en el dolor que nubla la mente; porque para nosotros ya nada es lógico, nada tiene sentido.

A pesar de que nadie nos dice que viviremos por siempre, no aceptamos la existencia de la muerte; la hemos interpretado como la peor tragedia de la vida, no como una etapa inevitable de la misma.

¿Y qué tal si entendiéramos que lo que verdaderamente sería una gran tragedia sería vivir aquí por siempre? Aunque la vida es bella, debemos aceptar que muchas veces no es estable, no es justa, no es perfecta y, generalmente, duele mucho. Entonces ¿por qué nos resistimos tanto a dejarla?

CAPÍTULO 3
CAMINO AL CIELO

Hay que avanzar, aunque las piedras quemen

Jamás imaginé que un momento así pudiera llegar. En medio de la inconsciencia, acompañé a mi Aleja por su último sendero. Como si los ángeles me guiaran, la vi pasando un jardín lleno de hermosas flores, de las que podía hasta percibir su olor, y ahí esperé que ella llegara a la puerta del cielo, donde nos despedimos con un abrazo infinito, mientras prometíamos que nos volveríamos a encontrar.

No sé cuánto puedan durar esos momentos, es allí donde el tiempo se pierde.

No quería dar la vuelta para regresar sin mi hija, pero no había más camino, y me tropecé con la horrible realidad: una que no quería, que no me gustaba, que ni siquiera había imaginado; una realidad desproporcionada, injusta, impredecible. ¿Seguir adelante? Un reto casi imposible de superar.

Con la vida incompleta y sin saber qué hacer, en la encrucijada de detenerme o avanzar —y sin duda alguna confundida—, entendía que simplemente la vida para Fabián, para Mateo y para mí, se había detenido.

Sin saber siquiera cómo lográbamos respirar, llegamos a casa. Las lágrimas afloraban y se detenían por momentos. No supe si se habían secado o se habían esparcido por todo mi cuerpo, se hacía imposible recogerlas. Era morir estando viva, era salir de mi cuerpo para permitir que habitara de lleno el dolor.

❝*Los sentimientos son para ser sentidos* Era el miedo incontrolable de seguir viva; fue llorar amargamente por la partida de mi hija y juntar las lágrimas del pasado, asumiendo también la ausencia de Nicolás.

Esta vez iba a gritar mi dolor, iba a desocuparme por dentro, no iba a callar como lo había hecho con mi primer bebé, a quien ni siquiera le había hecho un funeral. Así había quedado Nicolás, con una buena parte de nosotros, sin una despedida, sin un ritual; simplemente allí, en el cuarto solitario de una clínica. Pero ahora, había llegado el momento de hacerle un homenaje a mis dos hijos y, en esa despedida, no me iba a guardar ni una sola lágrima.

Los sentimientos son para ser sentidos.

Ahora me alegra saber que olvidarlos es imposible. No quería perder ni por un minuto el olor del pelo de Alejandra, el tono de su voz, la alegría de su risa, el canto de sus palabras, su mal genio, su forma inconfundible de caminar.

Hoy día entiendo que el miedo a olvidarlos nos atormenta y, más aún, que el miedo de que los demás lo hagan es insoportable. Sus vidas no pueden quedar en vano, no puede
ser como si no hubieran existido.

Porque son demasiado valiosos, como para dejarlos ir.

Y ahora que ha pasado el tiempo y que he podido darle un sentido a mi vida, puedo decir que están tan presentes como siempre; que olvidarlos no es posible, que su recuerdo será activado por un olor, una sensación, una mirada o cualquier otro detalle, cuando menos lo esperamos.

Entender la vida detrás de una ventana es fácil. Ser consciente de ella, solo por el caer de las hojas de los árboles o por el movimiento del viento, es sencillo; pero ver a la gente caminar o a los perros ladrar, no te obliga a vivir. Por un momento nada tiene sentido. La vida siguió sin mí y respirar se hizo insoportable.

La manera como hemos aprendido a amar nos condiciona el dolor y nos confunde en el proceso. ¿Será que si entre más lloro, más demuestro mi amor? ¿Será que si me río sienten que no los quiero? ¿Es posible que su alma no descanse si lloro o los pienso todo el tiempo? ¿Es cierto que jamás volveré a vivir en paz?

Tantos mitos y paradigmas alrededor de la muerte hacen más penoso el proceso del duelo.

Qué difícil es vivir sin ellos.

La poca o nula educación que hemos recibido sobre el tema, junto con creencias adquiridas, traen confusión, angustia y desesperación.

Al no saber cómo comportarnos permitimos que…

La ausencia reemplace la presencia, incluso la propia.

Es así como nos olvidamos de nosotros mismos y de quienes nos rodean. Es así como nos hacemos tanto daño. Es así como nos morimos estando vivos.

Dedicamos nuestros días al que ha partido y nos olvidamos de los que se quedan. Empezamos a vivir para el ausente, ignorando a los presentes. Ponemos toda la atención en los que ya no nos necesitan, dejando a un lado a los que sí.

Ahora es cuando valido la frase de mi mamá y veo el sentido completo del **"regreso a casa"**, la enseñanza más valiosa que haya podido darme, el regalo más grande para mi bienestar; entender que morir es regresar y que, finalmente, no importa cuán agradable o desagrable haya sido la experiencia fuera de ella, siempre dará felicidad poder volver, sin importar la manera en que haya sucedido.

Ciertamente no son muchas las formas de hacerlo; ninguna es elegible, ni agradable, y ninguna depende de nosotros.

En su libro *Así es la vida*, la autora chilena Marcela Lechuga (2019) afirma que **existen solo cinco maneras de morir: accidente, enfermedad, homicidio, suicidio o muerte súbita.**

Cualquiera nos aterra por unas u otras razones, pero al final es lo que menos tiene importancia.

-Cuando llegas a una gran fiesta, donde eres el invitado especial y compartirás con las personas que amas y que te aman, lo que menos importa es el vehículo que te ha llevado. Nadie preguntaría cómo o en qué llegaste. Lo verdaderamente valioso es que por fin estás allí. La fiesta ha empezado y todo se ha completado.

❝*...desde que nacemos empezamos a morir*

***

Una calle de honor de las compañeritas de Alejandra en su funeral, haciendo homenaje a su sonrisa, era una imagen irreal. Todos vestidos de blanco semejando un paisaje del cielo, era como el dibujo de su nueva casa, donde, de ahora en adelante viviría, pero sin nosotros.

¿Cómo aceptar el hecho de que una niña de once años pueda permanecer lejos de sus padres? ¿Cómo interpretar la muerte de un hijo?

La irrealidad

¿Es real? ¿Respiro? ¿Sigo viva? Qué decepción, esperaba que no lo estuviera. La realidad se hace presente con la vida de la calle, como cuando veo a otros padres llevando a sus niños al paradero del bus escolar...

¿Y yo? Envidia. Ese es el sentimiento que me invade. Los demás padres tienen lo que yo ya no y eso me carcome; nos enseñaron que este sentimiento es malo, no permitido, pero yo... tengo envidia.

¿Por qué no estoy haciendo lo mismo?

Me siento perdida, sin rumbo. Veo como la palabra ***pérdida*** tiene todo que ver con la palabra ***perdida***, diferenciadas solo por un signo tan pequeño como una tilde, ambas expresando el mismo vacío y soledad.

Sin saber qué debo hacer, ni dónde, ni cómo, trato de levantarme, aunque tampoco sé a qué.

Aprender a vivir sin Aleja se ha convertido en uno de los retos más grandes de mi vida. Tratar de imaginar sin éxito el paso de sus años, preguntándome a diario cosas sencillas como, ¿qué tan alto habría crecido?, si preferiría su pelo crespo, o liso, o a
qué edad habría llorado su primer amor… ¿Qué hubiera preferido estudiar? ¿Cuál sería su lugar favorito? Es como imaginar la vida sin tener la oportunidad de vivirla.

Me habría gustado que todo se detuviera conmigo. Aun sabiendo que debía continuar, no lograba entender cómo alcanzar a la vida que había seguido sin mí. Sin embargo, una fuerza indescriptible me sostenía y empujaba hacia adelante, aun en contra de mi propia voluntad. Una fuerza impulsada por Mateo, mi hijo de veintidós años, que continuaba en este mundo, confundido igual que yo, "viviendo" su duelo de forma duplicada, aumentada. Primero, por no tener a su hermana, y después, por no tener a sus padres, quienes estaban consumidos por la ausencia, olvidando su presencia.

Recuerdo muy bien lo doloroso que fue verlo entrar a la sala de velación, impecablemente vestido, como era su costumbre, con *Minnie* en su mano. Esa ratona rosada que acompañó a Aleja desde su nacimiento y que jamás la dejaba sola… ese amor a primera vista que rascaba su mejilla mientras se chupaba el dedo pulgar, a la que esperaba sentada en el piso de la cocina, mientras salía del proceso de baño y secado, obligado, cuando su color rosa cambiaba por el café de la mugre.

Aquel muñeco de trapo representaba todo nuestro dolor.

Esa misma *Minnie* que nos recordaba ahora que Alejandra ya no volvería.

La que, como ninguno de nosotros, tampoco se pudo ir con ella…

Ese mismo muñeco inerte que ahora me acompaña con su mano sin relleno, sentado sobre mi escritorio. Una *Minnie* sin vida, que hoy día me inspira a escribir sobre mi hija.

Tras la muerte de Alejandra, Mateo se había convertido en el contacto con la realidad, era mi ilusión de vivir. Ahora tenía muchas cosas que enseñarle; tendríamos que aprender acerca de la vulnerabilidad del ser humano, tendríamos que aprender a entender la verdadera fe.

Todo lo que él aprendiera ahora con esta tragedia, sería una herramienta útil que le daría fuerza y sabiduría para lo que vendría más adelante. Si yo me caía, él lo haría también, pues esta vez no se trataba de máscaras, sino de realidades. Aquí me probaba a mí misma cuál era el nivel más alto de ser mamá.

¿Cuántas pérdidas tiene la vida? Porque es claro, que desde que nacemos, empezamos a morir.

Día a día lo acompañé a llorar y a añorar a su hermana; a esa misma niña hermosa que once años atrás le había entregado en sus brazos, con tan solo unos minutos de haber nacido, cuando le dije:

> *-Mateo, este es el mejor regalo que tu papá y yo podemos darte en la vida. La razón de haberla traído al mundo, eres tú. Cuídala, protégela, ámala y disfrútala porque ella será la que esté contigo siempre, cuando tu papá y yo hayamos partido.*

Desde ese mismo momento, fueron uno. Dormían juntos, se bañaban juntos jugaban juntos. Eran inseparables. Al tiempo que crecían, su complicidad aumentaba, con acuerdos que los beneficiaban a ambos.

Mientras Alejandra era la niña más juiciosa y responsable, Mateo era el más descomplicado, y sin ningún gusto por el estudio. Pasaba con las notas mínimas todos los años y era ya costumbre mi llanto luego de recibir el informe, mientras la profesora me decía: "No lo regañe; las notas mejoran estudiando, pero ese corazón tan noble y bondadoso que tiene, no se aprende en el colegio".

En realidad, nos habíamos esforzado para que nuestros hijos fueran sensibles a las realidades de la vida, nos importaba más su corazón que su conocimiento, el cual, pensábamos, aumentaría cuando descubrieran su verdadera pasión.

Bajo esa premisa, Alejandra corregía la ortografía y hacía las tareas de inglés de su hermano, mientras él se comprometía a llevarla y recogerla de las reuniones en casa de sus amigas.

En vacaciones no se desprendían el uno del otro. Si Mateo tenía algún paseo, Alejandra era la primera que empacaba la maleta. Era una de las ventajas de la diferencia de edad entre ellos, casi once años.

El orgullo de Mateo por su hermana no tenía nombre y era recompensado por la más grande admiración de Alejandra hacia él.

Cuán difícil debió haber sido para él, como hermano mayor, ver partir a su hermanita.

Por eso, no me podía dar el lujo de sumarle otra pérdida. Ya era más que suficiente. No podía ver morir en vida también a sus papás. Tenía yo que alcanzar pronto la siguiente estación, para subirme de nuevo a esta ruta que llamamos *vida*.

Cómo quisiera que esos años juntos, en familia, en Armenia, donde la diversión más esperada era bañarnos en la piscina, a las diez de la noche, o salir a caminar, mientras compartíamos un helado, no hubieran pasado nunca.

Ojalá Mateo no hubiera tenido que entender que la vida podía ser tan cruel. Ojalá hubiera tenido las respuestas a sus preguntas. Volví a recordar esas palabras de mi hija:

> *- Mamá, Dios no me escuchó.*

Qué difícil es entender que, a veces, Dios nos habla en silencio.

Hoy, que retrocedo en el tiempo y veo la montaña tan enorme que tuve que subir, no me explico cómo pudo ser posible. ¿Quién me sostuvo? Porque evidentemente no fui yo, mis fuerzas no daban para tanto.

Después del primer impacto nada es claro, es como estar en una nube saludando al viento, que pasa sin rozar. Los primeros momentos son indescriptibles. Hay tanto que pensar, tanto que llorar, tanto por creer, que el tiempo pasa desapercibido y el cansancio es agotador. El sueño llega como un mecanismo de defensa y los ojos pesan.

Nada importa.

Quiero huir, irme lejos, salir corriendo como si eso me alejara del dolor.

No quiero estar en casa, no quiero ver nada, ni escuchar nada. No quiero que el teléfono suene, no quiero prender las luces, no quiero abrir la nevera. No me interesa la vida. Solo le pido a Dios que me lleve con Él.

Quiero estar donde ella está…

Pero pronto me doy cuenta de que eso no depende de mí, ni de cuánto lo desee. Me siento impotente.

Luego de evadir, de correr lejos, me doy cuenta de que el dolor ha viajado en mi bolsillo todo el tiempo. No sé cómo deshacerme de él o, tal vez, no quiero deshacerme de él. Finalmente, es el lazo que me une a mi Aleja. Se crean vínculos estrechos entre el dolor y el amor, y el miedo se convierte en la mejor excusa para no vivir.
Corro en círculos que no me llevan a ningún lado…

Mateo y Fabián estaban en ese momento en la misma lucha. Cada uno librando su propia batalla, su propia guerra, y buscando sus propias armas.

Estábamos juntos pero lejanos, desarticulados. Nos acompañábamos, nos abrazábamos, nos sentíamos unos a otros, pero cada uno tenía que luchar su propia batalla.

Renacer era y sigue siendo una decisión propia, y por eso a cada quién le toma su propio tiempo.

CAPÍTULO 4
UNA VOZ
PARA LOS QUE NO LA TIENEN

*La marca de lo importante, sin el
dolor del evento*

Las cámaras de televisión eran parte del día a día. Todo era tan irreal. La noticia se había expandido por todos lados; sentía que mostrar la realidad, evidenciar ese terrible error de diagnóstico que se había cometido con mi hija, era necesario para lograr correctivos. Se trataba ahora de blindar a otras familias de este dolor indescriptible y, probablemente, evitar que otros niños mueran por negligencias médicas. Con frecuencia, llegan mensajes de agradecimiento por haber podido salvar la vida de algún hijo, tras haber conocido mi historia. Diferentes clínicas y hospitales han implementado medidas preventivas. Muchos médicos han adoptado posiciones diferentes frente a sus pacientes y muchas madres han sobrepuesto su voz ante los casi dioses que son los médicos para los pacientes, exigiendo sus derechos a tener exámenes completos que validen los diagnósticos.

Ha valido la pena, no ha sido fácil, ¿quién dijo que lo sería?

He visto cómo nos desgastamos, tratando de encontrar el propósito de lo que pasa, y llegamos a preguntarnos el sentido de nuestra vida.

"No busques el propósito de la vida, a cambio, dale un propósito a tu vida"

No creo en el por qué, ni en el para qué, por eso, en lugar de vivir buscando el propósito, esforcémonos en darle un propósito a la vida; tomando los dones, talentos y habilidades con las que hemos sido dotados, uniéndolos a nuestra historia para que se conviertan en una maravillosa mezcla.

Tal vez lo más difícil de todo ha sido el control de las emociones. Aunque logro darme cuenta de que no hay ninguna nueva o desconocida, tampoco imaginé que todas hicieran parte de mí. Me sorprendo tanto con todo lo que alcanzo a sentir, que ni siquiera me siento capaz de explicarlo.

Además de la **envidia, que he identificado en mi duelo**, encuentro también **vergüenza, miedo y culpa.**

"*Vivimos entre el miedo a lo conocido, y el miedo a lo desconocido*

La **vergüenza** que sentimos es comparable con la de estar desnudos en medio de la plaza pública, pues nos convertimos en el centro de atracción de todas las miradas; nuestros actos son sometidos al señalamiento y al cruel juicio de la gente que nos rodea; no tenemos explicación para lo sucedido, y con eso tenemos más que suficiente para sentirnos mal.

También, nos avergüenza sentirnos diferentes a los demás, pues llegamos a pensar que estas tragedias solo nos pasan a nosotros, incluso llegamos a creer que son un castigo.

La cruel **culpa** también entra en juego, esa que nos atormenta de manera incontrolada. Siempre mirando hacia el pasado, castigándonos con su pesado látigo: porque estuvimos o no; porque permitimos algo o por el contrario lo restringimos, o bien por lo que dijimos o dejamos de decir. Si así lo queremos, siempre habrá un momento para sentirnos culpables, y si nos dejamos atrapar por ella, nuestra vida se convertirá en un infierno.

He visto a esposas sufrir porque justo el día en que sus maridos murieron, se habían peleado; madres atormentarse porque dieron el permiso el día del accidente; también a padres recriminarse por no haber dicho un "te amo" a tiempo, y así cualquier cantidad de situaciones.

Realmente la vida se vive por instantes y la muerte siempre llegará como un ladrón en la oscuridad. Nunca estaremos preparados para recibirla, y tampoco podríamos vivir con la certeza de saber cuándo será el momento.

La vida trae de todo: momentos de felicidad; también de rabia, alegrías y tristezas, amor y desamor, actividad y pasividad, la única certeza es que en cualquiera de ellos entrará ese monstruo que jamás quisiéramos enfrentar.

Tratar de resolver el pasado en el presente es un juego que, además de peligroso, es infructuoso, ya que ni el contexto ni las emociones son iguales que antes. Es, más o menos, como querer comandar un ejército cuando ya ha finalizado la guerra. El componente emocional de lo anterior no es el mismo de hoy; el momento de vida también ha variado, el pensamiento cambia con el tiempo. En fin, jamás podremos evaluar el pasado con los ojos del presente. Por eso, **la mayoría de culpas son irreales**, solo se convierten en fantasmas que aprisionan el dolor, ese dolor que nos cuesta dejar ir; ese dolor que, si se alimenta con la culpa, permanecerá ilimitadamente dañándonos hasta destruirnos.

Ahora bien, si pensamos en **el miedo**, vemos que este tiene dos connotaciones importantes: el miedo a lo conocido o miedo a la vida, y el miedo a lo desconocido, es decir, el miedo a la muerte.

Nos da miedo seguir viviendo sin los que partieron, porque hemos centrado nuestra vida misma alrededor de ellos; nos da pánico intentarlo de una manera diferente.

Además, está el hecho de que la partida de esos seres tan valiosos para nosotros, de alguna manera nos recuerda que todos llegaremos a morir, por lo tanto, nos aterra vernos en ese espejo.

Nos da miedo dejar de amar, olvidar, así como nos da miedo ser olvidados.

Nos da miedo entender que, nos guste o no, el camino va a seguir.

Nos da miedo reconocer nuestro valor para entender que lo único que necesita nuestra vida, para seguir, es a nosotros mismos. Nos aterramos ante la idea de ser nuestros propios adultos responsables.

El miedo a lo desconocido siempre estará presente. Vivir con la incógnita y el misterio hará que este amigo indeseable se convierta en nuestro aliado y nos impulse a ser mejores cada día.

Gracias al miedo aterrador de quedar muerta en vida, logré empezar a caminar hacia el futuro, haciendo la diferencia entre vivir y estar viva.

La envidia es igual de molesta e incómoda; nos han enseñado a verla de muy mala manera, como si sentirla nos hiciera peores seres humanos. Lo cierto es que la envidia en un duelo, es un sentimiento común que, al tratar de esconderlo, hace daño.

Normalmente, la encasillamos dentro de la rabia. Rabia al ver personas en situaciones que añoramos, ver que otros tienen y disfrutan de lo que nosotros perdimos.

Envidia de las parejas que caminan enamoradas por la calle; de las familias jugando en el parque, de los niños comiendo helado, o simplemente de todo aquello que ya no nos pertenece.

En alguno de los talleres que lidero hoy en día, llevé un tablero de ajedrez para jugarlo con fichas de dominó. Es increíble ver la manera en la que la gente lo intenta; hasta piden opiniones al auditorio para tomar ideas de lo que se debe hacer; se escuchan risas, y expresiones de aprobación o desaprobación, pero no es tan fácil concluir que, *simplemente, no se puede jugar ajedrez con fichas de dominó.*

¿Y qué tal si solo aceptáramos que cuando el juego cambia se deben cambiar las fichas? No podemos vivir la vida de los demás, así esta misma haya sido la que teníamos antes.

Si nuestra vida ha cambiado, debemos cambiar con ella.

Mi familia ya no era la que había sido; mis motivaciones tampoco eran las mismas, mis necesidades habían variado igual que mis prioridades. Era yo una nueva persona en un nuevo escenario. Era hora de jugar el nuevo juego con las fichas correctas.

En esta transición solemos llenarnos de preguntas trascendentales y dolorosas, o sin sentido, como:

- ¿Por qué a mí, si yo he sido buena persona?
- Pero, ¿si apenas iniciaba su vida?
- ¿Y todo lo que tenía por hacer?
- ¿Y sus sueños? ¿Qué pasó con sus sueños que apenas asomaban?
- Si vivía bien y no le faltaba nada, ¿por qué no le pasó a otra persona con una vida más difícil y con menos oportunidades?

Preguntas que se resumen en una sensación de impotencia, rabia acumulada, silencio que mata.

Sentir que nadie entiende nuestro dolor nos intoxica con el veneno del silencio. Nos sentimos raros, como si dejáramos de encajar en el mundo.

Todo se confunde… Esa confusión que no nos permite ver con claridad dónde se revuelven los dolores pasados, presentes y futuros.

Vivir sin mi hija era ver todo lo que había perdido y todo lo que perdería. Volverían a salir viejas heridas, aquellas que ni siquiera me había permitido reconocer, como aquel miedo a la evaluación que tantas veces me había impedido hacer o terminar algo, por el simple hecho de no enfrentarme al resultado.

Darme por vencida con facilidad era una constante en mí, un mecanismo de defensa útil para no tener que ser evaluada. ¿Y ahora? ¿Qué tenía esto que ver en mi proceso de duelo? Saber que Alejandra no estaba me hacía sentir que era algo más que no había logrado culminar, al igual que mi matrimonio o mis estudios. ¿Cuántas cosas más iban a quedar inconclusas?

Realmente, una crisis saca otras crisis más. Un dolor viene con otros dolores y un duelo hace doler toda la existencia; la confusión es absoluta, la vida se desenvuelve entre realidades e irrealidades.

Por el momento creo que acabo de descubrir al desconocido que vive en mí: *"Mucho gusto, soy Eveline"*.

Como si presentarme ante este horrible personaje me diera libertad y fuerza para seguir compadeciéndome, reconocí una perturbadora emoción que era nueva y ahora me acompañaba: **la victimización**. Me sentía víctima del sistema, de la sociedad, de la vida en sí misma.

¿Cómo era posible que la gente pudiera vivir feliz, si yo no lo estaba?

Víctima de la infelicidad provocada por la situación, no quería estar con nadie, la gente me molestaba e incomodaba; no encajaba en ninguna conversación, en ninguna reunión.

¿Para qué hablar si nadie podía entenderme?

Reconociendo cada una de mis emociones, sin pensarlo, estaba caminando hacia adelante, identificando mis momentos hasta llegar a comprender que todo había cambiado y que nada volvería a ser igual.

Porque, después de un evento desgarrador jamás seremos los mismos, podremos ser mejores o peores, pero nunca iguales. La decisión es libre y espontánea para cada quien.

Qué duro y difícil es el camino, y además solo es posible transitarlo a pie, sintiendo cada piedra y cada desnivel.

Ser víctima es la excusa perfecta para no tener que asumir la realidad, la vida, los momentos que han cambiado y los que ya nunca volverán. Victimizarnos nos permite justificar el dolor, ¿pero hasta cuándo es válido hacerlo?

Clic

No sé exactamente cuánto tiempo había pasado, porque el tiempo para mí había dejado de existir. Ese día desperté llorando, al anochecer seguía llorando en el mismo lugar, sin haberme movido para nada, sin comer, sin tomar agua.

Llorando. Sin embargo, eso no fue lo que me hizo sentir profundamente irritada y molesta. Lo que me hizo reflexionar era que ni siquiera el teléfono había sonado, que nadie se había preocupado por mí; los demás seguían en sus roles, en sus vidas. Por lo tanto, entendí que mi dolor, mi llanto, mis emociones eran solo mías y que a nadie más le correspondía vivir mi vida. Asumí la responsabilidad, reflexionando sobre el tiempo que había estado sentada esperando que alguien viniera a rescatarme, siendo que ese alguien debía ser yo misma.

De ahora en adelante, asumiría las consecuencias de mis actos, saliendo del estado de víctima.

Sequé mis lágrimas y le pedí a Dios que me ayudara a vivir diferente, finalmente ¿a quién le podría importar, más que a mí misma, la forma en que yo determinara seguir?

Por supuesto, no fue fácil.

Desligar el amor del dolor no era en ese momento, ni es ahora, algo sencillo. Pero en ese despertar, por llamarlo de algún modo, me empezaba a dar cuenta de cuánto me estaba autocompadeciendo; cuando puse atención a la manera como me hablaban los demás, el tono de voz bajo y desgarbado que utilizaban, la mirada perdida —con la cabeza ladeada— que ponían al acercarse; los murmullos en los pasillos después de habernos cruzado. Me había convertido en "la pobre", "la triste", la amargada" Eveline.

Había permitido que mi historia suplantara mi identidad; vi que yo ya no era yo, pues me había convertido en mi historia.

Mis emociones me estaban controlando, en lugar de ser yo quien tomara el control.

Pero, ¿cómo salir de ese estado? ¿Cómo gritar que detrás del dolor, era yo la que estaba escondida? ¿De qué manera decir que quería salir de ahí, pero simplemente no sabía cómo hacerlo?

El deber ser de la sociedad nos envuelve. Es como si por cargar un dolor, no tuviéramos permiso de reír o de cantar o de bailar. Eso cuesta mucho. Cuesta la tradición. El color de la ropa debe indicar el tamaño de nuestra pena; el rostro demacrado indica lo mucho que quisimos a ese ser. ¿Volver a soñar? Imposible, es equivalente a ser desleal.

Vienen a mi mente frases que hemos escuchado, mentiras convertidas en verdades, falsedades que nos hunden en lugar de sacarnos a flote.

¿Alguna vez oíste esto?:

> *-Sin ti, no podría vivir.* (Lo peor, es que se dice como el mayor halago hacia la pareja en señal de nuestro amor).
> *-Si tú te mueres, yo me muero.*
> *-Cuando yo me muera, qué va a ser de ti.*
> *- ¡Mi felicidad, se fue contigo!*

Por generaciones hemos entendido o pensado, de forma equivocada, que dependemos de los demás para vivir, y nos confronta el no saber qué hacer cuando nos damos cuenta de que nuestra existencia solo depende de nosotros mismos.

En el momento en el que reconocemos nuestras emociones, las podemos gestionar; tan simple como que para poder arreglar algo, es necesario saber dónde está dañado. Sacarlas del paquete de la rabia, quitarles la máscara y enfrentarlas, para encontrar la respuesta a esa pregunta silenciosa que nos da vueltas en la cabeza.

¿Y ahora qué hago?
Es cierto que el dolor es indescriptible y nada parece hacer parte de ti, o mejor tú no haces parte de nada. Las palabras no se escuchan; las sensaciones se exacerban. Nuestra mirada se pierde en el infinito, tratando de encontrar un punto fijo que nos devuelva a la realidad; la respiración se siente al límite, como si el corazón fuera a explotar, mientras que otras veces pareciera detenerse del todo. La gente se vuelve invisible. Nos duele, pero eso no es suficiente para creernos el centro del universo.

Me detengo aquí con una historia que refleja mi pensamiento.

Había una vez una familia del campo, sin acceso a grandes lujos, mientras que su vecino, un señor bondadoso, amoroso y muy generoso, era dueño de toda la riqueza.

Algún día tocaron a su puerta y, para sorpresa de todos, era él, quien traía consigo todo lo que tenía; saldría pronto de viaje sin saber por cuánto tiempo y quería saber si podrían guardar sus pertenencias, a cambio de su fidelidad para cuidar de ellas, dándoles el mejor uso, mientras las disfrutaran al máximo.

Pasó el tiempo y aquellos campesinos se acostumbraron fácilmente a su nueva manera de vivir, tal como habían prometido, cuidaban bien de estos bienes, disfrutando cada cosa y sacando el mayor provecho de ellas.

Hasta que un día cualquiera, sin avisar, regresó el dueño.

Los campesinos se molestaron, lloraron, pelearon, gritaron improperios alegando injusticia, y hasta llegaron a pensar que entregando lo que les pedían, entregarían también su felicidad.

Simplemente habían olvidado que:

«No somos dueños de nada, sino administradores de todo»

***

Ya lo sabía

¿Desde cuándo lo sabía? ¿Cuándo supe que Alejandra no viviría por mucho tiempo? No sé, pero ya lo sabía.

Varios años atrás, creo que cuando ella tenía alrededor de cuatro años, fui al salón de belleza a cortarme el pelo. Al llegar al sitio, le pregunté al estilista por su pequeño hijo.

-*Murió*, me dijo. *Se ahogó con el tetero...*

En ese momento me sentí desolada; habría preferido no preguntar por él, pero lo dicho, dicho está.

-*Lo siento mucho, no tenía idea*, alcancé a decir.

-*No te afanes*, contestó. *Por mi parte, estoy tranquilo. Además, Dios me ha dado una palabra, me ha dicho que jamás me volverá a pasar...*

No sé por qué la conversación había girado hacia allí. De inmediato pensé en Nicolás, y le pedí que me mostrara esa palabra, quería leerla por mí misma, yo también quería esa tranquilidad.

¿Acaso estaba intranquila? Jamás lo había pensado, pero en ese momento lo sentí.

Sacó su Biblia, en la cual tenía resaltada aquella promesa, así que mientras leía, me detuve en cada letra, en cada palabra, en cada frase, pero sabía que el mensaje no era para mí. No puedo decir que me detuve a pensar algo más; solo supe que lo que allí decía, no tenía que ver conmigo. Seguí mi camino, pero nunca olvidé ese evento.

Hoy, que tengo permanente contacto con padres que han despedido a sus hijos, me doy cuenta de que de antemano algo intuían o ya algo les hacía presentir ese final.

Recuerdo que estando en urgencias con Alejandra, lista para ser trasladada a cuidados intensivos, llamé por teléfono a mi hermano.

Desde pequeña, él había sido para mí la figura masculina más amada y admirada; he creído en su palabra y buscado mi seguridad en él.

Si pudiera describirlo mejor, creo que le pondría una capa de super héroe.

Recuerdo que le dije: *Aleja se me muere*. Era un miedo indescriptible que quería con todas mis fuerzas que se quedara ahí, en el miedo. Buscaba que él me dijera que no era cierto, que eso no pasaría. Pero ese miedo no parecía ceder.

Algunos padres relatan cómo habían experimentado un temor inexplicable anticipando la muerte o, incluso, sus mismos hijos habían relatado de alguna manera que no estarían acá por mucho tiempo. Como si algo muy profundo, dentro de nosotros, nos alertara.

El día que nació Mateo, fue mi mamá quien asistió el parto. Primero, porque jamás se lo hubiera perdido; segundo, por trabajar de la mano con el médico que me atendió desde tiempo atrás y, tercero, por el miedo de Fabián de entrar al quirófano.

Antes de cortar el cordón umbilical, puso al bebé sobre mi pecho; la conexión fue demasiado fuerte y, en medio de tanta emoción, al juntar su calor con el mío, pude saber que Mateo cuidaría de mí, más de lo que yo cuidaría de él. Entendía, en ese lenguaje insonoro, que él no necesitaba tanto mi protección, como yo la de él. Nunca pude olvidar ese momento; es así que cuando Mateo creció, lo hablamos varias veces. Quería comprender lo incomprensible.

Mateo iba creciendo sano, alegre, fuerte; pero, por alguna razón, yo no lograba verme siendo la madre de un adulto. Lo asocié a mis inseguridades no resueltas, pero hoy entiendo que esa no era la razón.

Me gustaría volver al vientre materno, estar de nuevo en ese lugar donde mi madre me cuidaba. Donde no me preocupaba por lo que sucedía fuera de allí, donde no tenía hambre ni frío; donde todo era seguridad y amor.

Quisiera volver a sentir su abrazo.

Se fue, siendo yo una joven de tan solo veintitrés años, y ahora me hace más falta que nunca.

¡Quiero a mi mamá!

Perfectos seres imperfectos

Fui consciente de su llanto cuando tenía dieciocho años. Mi madre estaba sentada en su cama, pensativa, triste. ¡Cuánto siento sus lágrimas! Espero haber podido borrarlas de su rostro con esa infinidad de risas y carcajadas que compartimos. No fue mucho el tiempo que pasamos juntas, pero sí el suficiente para haber aprendido de cada una de sus enseñanzas, viendo la vida con sus ires y venires, y disfrutando de su compañía.

Lloraba por mí o por ella, no lo sé. Lo cierto es que cuando le dimos la noticia del embarazo de Nicolás, lloró. Y no propiamente de alegría; por lo contrario, se sentía defraudada, engañada, decepcionada, molesta. Lloraba por mis sueños rotos o por los de ella. No lo sé.

Su vida no fue fácil, como no lo es la de ninguno en esta tierra. Sin embargo, ella la hacía ver sencilla. Sin nada que faltara, pero sin que tampoco sobrara, su sonrisa era su sello. No se cómo hacíamos cuando el panorama más común en la nevera era una jarra de agua solitaria, pero al sentarnos todos a la mesa, podíamos saborear los más exquisitos manjares. Así aprendí que el amor hace milagros. Josefina, ʹJóseʹ, es decir mi mamá, me enseñó a ver la vida diferente, como hoy le digo, **Pensar al R3v3s**.

De pequeña, y gracias a sus estudios de música en el conservatorio, había desarrollado amor por el arte, la música y la poesía. Pocas veces la escuché tocar piano, pero sí llegué a disfrutar enormemente su violín, y todavía, si cierro mis ojos, alcanzo a recordar su voz ronca cantando música popular con su guitarra colgada al cuello, con una pita artesanal de esas que se usaban para elevar cometa. Ella sabía el verdadero valor de las cosas.

    - Disfruta lo que tienes, de la forma que lo tienes, solía decir.

La llevaba siempre en el baúl de su *Renault 4* y no dudaba en sacarla para convertir cualquier ambiente en toda una diversión. Al mismo tiempo infundía respeto y compromiso, pues una sola mirada suya era suficiente para reconocer mis actos y tomar responsabilidad.

Entender que morir es regresar a casa, ha sido el regalo más grande que mi madre me haya podido dejar, y seguramente corresponde a una herencia de generaciones.

Por su parte, mi padre era muy diferente —como es común en las parejas—, pero, al no poder acoplar sus diferencias, terminaron separándose cuando yo apenas cumplía dos años.

Para Eduardo, 'el mono', expresar el amor era más difícil. Lo hacía mejor por escrito que hablando, barrera que se logró romper un poco mejor en mi edad adulta, después de que los dos nos hubiésemos estrellado varias veces en la vida.

Esos perfectos seres imperfectos formaron mi carácter y me mostraron una forma única de asumir los retos. Siempre los vi luchar por sus ideales y ser felices, cada uno a su manera.

La muerte de mi mamá me enseñó a vivir las despedidas; solo tres días después de haber comido una ensalada que contenía arvejas contaminadas con *salmonella*, su sistema inmunológico, afectado por una deficiencia renal crónica, le impidió superar la infección que acabó con su vida. Aún recuerdo esa conversación donde me dijo que ya quería regresar a casa; no lo entendí en aquel momento y le aseguré que el tratamiento iba a funcionar bien, que pronto estaríamos allí donde su órgano *Yamaha* y su vieja guitarra la esperaban, sin entender que se refería a regresar a su casa permanente, no a esta, la terrenal.

Con ese evento devastador, aprendí a dar gracias y a mirar donde no había puesto mis ojos antes. Así agradecí a esa gran mujer cartagenera por sus enseñanzas, quien me dio su alegría sin reservas y me enseñó a vivir en paz en medio de las dificultades, como también a sonreírle a la vida aun en medio del dolor.

Su despedida fue como ella la quiso. Aunque no bailamos alrededor de una hoguera, nos tomamos de las manos y dimos gracias por su vida. Luego continué la mía, apreciando las cosas de diferente manera; si acaso había visto mi matrimonio como inoportuno, ahora daba gracias porque hubiera sido así. Finalmente, mi madre había partido sin preocupaciones sobre mi estabilidad, ya que Fabián y Mateo eran mi futuro, y yo tenía bastante en qué pensar y ocupar mi tiempo, para mitigar su ausencia. Todo había jugado a mi favor.

Mateo fue su nieto preferido; lograron una conexión especial. Tenía dos años y medio cuando se despidieron, aunque hoy creo que, al crecer, se borró el recuerdo que él —mi hijo— tenía de ella —mi mamá—.

Ojalá no borráramos ciertos recuerdos.

Ponle vida a tu vida

Al poco tiempo de haber partido Alejandra, Mateo decidió mudarse con su papá. Era la decisión más acertada, teniendo en cuenta que la depresión estaba tomando el control de su vida. No quería estudiar, ni levantarse de la cama. Yo había seguido trabajando, liderando equipos comerciales en un banco. Mi pasión siempre había sido impactar personas y apoyar su crecimiento personal, y aunque esa ya no era mi motivación personal, sí necesitaba sustentar mi economía y ocupar la mente para pasar los días.

Claramente mis prioridades habían cambiado.

Mateo y Fabián eran una mejor fórmula; trabajaban juntos, compartían el mismo deporte, tenían el mismo rumbo; eran la dupla perfecta. Algo más para agradecer: el papá de mis hijos había sido una excelente elección.

Poco a poco fui quedando fuera de la foto de ellos, más por un tema de cercanía de género, que por cualquier otro motivo y, así, mi soledad aumentaba cada día.

¿Encender la luz? Este simple evento se convirtió en mi peor momento. Tan solo poco tiempo atrás, llegar a mi casa invitaba a la pregunta; ¿Por qué tantas luces prendidas? ¿Al fin qué están haciendo, viendo tele o escuchando música?; mi casa tenía vida, pero ahora era yo quien tenía que ponerle vida a mi espacio: prender las luces, la televisión y la música.

Tanto silencio era insoportable. Así que, poco a poco, fui demorando la llegada a casa, para hacer menor mi tiempo a solas, aprendiendo a controlar la situación antes de que esta me controlara a mí.

Busca a tus amigos

Los amigos fueron pieza clave en este proceso. ¿Tomamos café? ¿Comemos algo después del trabajo? No era sencillo, pues después de un terremoto interno tendemos a aislarnos, por eso hablar con la gente dolía, además de pensar que nadie tenía nada interesante que decir o que las conversaciones eran demasiado banales; aunque poco a poco fui disfrutando cada día más de esos pequeños encuentros, prestando mayor atención a las cosas sencillas y al amor que encierran las charlas sin importancia.

Entonces me propuse organizar diferentes grupos: los amigos del colegio, los de la universidad, los del primer trabajo, del segundo, en fin... Así me di cuenta de que todos los amigos son necesarios e importantes. Las diferencias entre ellos hacen parte de la vida y todos son esenciales; los alegres, los trascendentales, los místicos, los espirituales, los desordenados, los disciplinados; todos aportan cosas importantes y hacen de ella una mejor experiencia.

Los fines de semana eran otro problema, aquí el tiempo era más largo y doloroso; mi soledad era extrema, pero Dios siempre está por el camino haciendo de las suyas. Lo único que debemos hacer es estirar la mano para que alguien la alcance.

Todos los sábados, Cata, amiga mía desde épocas del colegio, me llamaba temprano para invitarme a tomar café en la tarde. Por supuesto que mi respuesta era siempre la misma: *NO*. Si de lunes a viernes me levantaba, era solo por obligación de llegar al trabajo, pero los fines de semana no quería ni respirar. Cata me decía:

> *-No importa. Yo de todos modos voy a esperarte en el café a las 3:00 p.m., tú verás si me cumples o no.*

Me sentía tan comprometida ante su amor, que llegaba al café...

Al principio no fue fácil, ni para ella ni para mí; no sabíamos de qué hablar, de repente mis ojos se bañaban en lágrimas, mi voz se turbaba y el silencio era el principal invitado, hasta que las dos nos fuimos sintiendo más cómodas con los encuentros sabatinos.

Lo que más llegué a apreciar de mi amiga fue su prudencia para no caer en la tentación de defender a Dios o tratar de justificar o de entender lo inentendible con las concebidas frases.

-Él debe tener un propósito para esto.
-Confía que Él sabe lo que hace.
-No te des por vencida, la vida continúa.
-Ahora tienes un ángel en el cielo...

Y otras tantas, por el estilo, que se usan solo por llenar la incomodidad del silencio. En cambio, Cata dejaba que yo pusiera el tema y, lo más importante, era que me escuchaba.

Así pasó el tiempo y tomamos café todos los sábados durante un año. De hecho, aún tomamos café con mucha frecuencia.

Ahora entiendo que "las Catas" de la vida no son muy usuales, ya que, como no hemos sido entrenados para manejar el dolor —ni el nuestro, ni el de otros—, preferimos apartarnos. Yo lo llamo *la pérdida de la pérdida,* porque es muy triste sentirse solo en un momento tan difícil. Por eso es necesario salir a buscar a los amigos, en lugar de quedarse esperando a que ellos nos busquen a nosotros, porque cuando les enseñamos acerca del dolor, los incluimos como parte de la solución y todos ganamos.

Saulo

Fue precisamente reconocer la importancia de la compañía de los amigos en medio del dolor, lo que me llevó a incorporar como parte de la metodología, "Yo pienso al R3v3s", a *Saulo,* un muñeco que diseñé como símbolo de acompañamiento cuando las palabras no son suficientes o simplemente no sabemos qué decir. Este muñeco tiene una forma desproporcionada, tal como sucede con el dolor mismo; sus ojos perdidos están detrás del miedo, de la misma forma como quedamos ante una pérdida: con los brazos largos dispuestos a dar ese abrazo tan necesario y pies grandes que pretenden ayudar a dar el paso siguiente. Además, Saulo no tiene boca, representando la necesidad del silencio, y viene con una libreta que trae algunas frases que invitan a "pensar al r3v3s" en medio del dolor, como una manera asertiva de apoyar el duelo.

Ser amigo: sin duda un don especial que, bien aprovechado, es casi un milagro más de la vida, aun cuando el dolor nos puede llevar a morder de la rabia, como en la siguiente historia.

> *... parte de ser amigo es saber soportar mordiscos*

Hace muchos años, Fabián y yo íbamos por la autopista cuando vimos que el carro de adelante atropelló a un perro que, al soltarse
de su correa, atravesó la calle sin parar; la escena era dantesca, su dueña lloraba desconsolada sin saber qué hacer.

En ese momento detuvimos nuestro automóvil y le ofrecimos llevar el animalito a una veterinaria. Y cuando me bajé para ayudarla a cargar el perro, ¡este me mordió!

¡Qué desagradecido! pensé en voz alta, lo estoy ayudando desinteresadamente, estoy haciendo un esfuerzo grande, estoy poniendo todo lo que puedo y ¿me muerde? Eso me pareció injusto y desagradecido.

Hoy, después de tantos años, recordar aquella escena me invita a reflexionar, entendiendo que cuando estamos asustados, heridos o hemos sido maltratados, mordemos.

Parte de ser amigo es, pues, saber soportar mordiscos.

CAPÍTULO 5
LIDERAZGO:

Un verdadero líder es quien sabe gestionar sus emociones

Agosto 28 de 2013

¿Metástasis es cáncer?

Jamás podré olvidar ese ruido ensordecedor del silencio, cuando se cruzaron nuestras miradas en aquel consultorio de urgencias ante el diagnóstico que nos daban. ¡Metástasis en los dos pulmones!

Días atrás Mateo, con tan solo veintitrés años, había empezado a tener sudoraciones nocturnas extremas, por lo que decidimos llevarlo a urgencias. Con la experiencia que teníamos del error en la consulta de Alejandra, exigimos todos los exámenes que fueran requeridos, y así se hicieron.

Pasaron algunas horas cuando nos citaron en un consultorio donde nos recibió el Dr. Arango, quien nos hizo sentar en su pequeña mesa de reuniones, donde tenía café y un vaso con agua, especialmente servidos para nosotros.

> *-Por sus nombres sé quiénes son ustedes. Conozco de cerca el caso de su hija y quiero decirles que, como director de este servicio, ya he tomado las medidas necesarias para asegurarnos de que aquí no pase algo tan atroz.*

> Y lo siguiente que dijo:

> *-Siento mucho lo de Mateo.*

¡Cuántos doctores Arango necesitamos en la vida! Esa sensibilidad debería ser más frecuente.

¿Ni siquiera nos habían hablado de cáncer y ya el término era ¿metástasis? ¿Cómo podía estar pasando esto? No era real, ¿cierto? Solo hacía parte de un horrible sueño, queríamos creer. Pero no, los dos habíamos escuchado y entendido lo mismo. Mateo quedaría hospitalizado de una vez, para poner en marcha el tratamiento cuanto antes y buscar la localización del tumor primario.

¿Y todo el deporte que había hecho siempre? ¿Y su decisión de no fumar? ¿Acaso nada de esto había servido de prevención?

Cualquier razonamiento que intentáramos era en falso, lo único que pude responderle a mi hijo fue:

-Si hijo, metástasis es cáncer. Ahora lo correcto es centrarnos en hacer todo lo que necesitemos para superarlo.

No hubo duda, de esta saldríamos victoriosos. La unión de tanta gente apoyándonos con sus oraciones y con su amor, eran para nosotros un sello de garantía. Mateo así también lo sentía.
Y como el sello personal nunca se pierde, ese humor fuera de serie seguía intacto, a pesar del miedo.

En la premiación de fin de año, cuando apenas tenía cinco años, ¡ganó la medalla al buen humor! ¿Existe una medalla al buen humor? Fabián y yo nos miramos, sin saber qué hacer, si aplaudir o reír, o escondernos o pasar adelante. Tal vez ese fue el primer aprieto en que nos metió Mateo.
Al año siguiente se enamoró de su profesora y al preguntarle qué era lo que tanto lo había cautivado, su respuesta fue "sus zapatos".

Pero este diagnóstico no era el único terremoto que habíamos afrontado juntos. El terremoto de Armenia nos había puesto en sobre aviso.

Un terremoto interno en nuestra relación, complementado con un terremoto geológico. La ciudad se estremecía sin piedad.

25 de enero de 1999

- ¡Corramos! gritaba yo. Con el descontrol más grande, del que he sido consciente en mi vida.

No había nada que se pudiera hacer, más allá de esperar a que el movimiento se detuviera. Recuerdo ver cómo, desde la ventana, esperaba ser testigo de la caída del edificio del frente.

-Quédate quieta por favor y no grites más, dijo Fabián tratando de retomar el control.

Es increíble cuánto puede durar un minuto. Las noticias hablan de segundos, pero para mí fue una eternidad.

Apenas logramos movernos, Fabián se bajó del carro y corrió, mientras yo intentaba avanzar en el tráfico. La ciudad ya era un caos, postes caídos, escombros, desastre, olor a muerte.

Mi angustia radicaba en que Mateo no estaba con nosotros en ese momento. Estaba solo en el apartamento y, además, con la instrucción de no poder salir de él, aunque, afortunadamente, cumplir instrucciones no era su mayor virtud, así que había salido a la piscina, por lo que el movimiento de tierra lo encontró al aire libre, sin nada cerca que pudiera hacerle daño.

¡Mateo estaba bien!, los vecinos lo habían acogido mientras llegábamos y los únicos apartamentos que habían sufrido daños graves eran los del primer y segundo piso. Los demás estaban aparentemente bien. Nosotros vivíamos en el 202; era como si una explosión hubiera ocurrido en la mitad de la sala. Fue ahí cuando nos dimos cuenta de cuántas cosas inútiles y en mal estado guardábamos.

> **"***Solemos llorar por lo que no ha pasado.*

Mucho de lo que había quedado no debería estar, incluyendo el colchón de la cama de Mateo, quien aún a sus ocho años de vez en cuando tenía "accidentes", a los cuales respondía con un chiste.

Nuestras pérdidas fueron únicamente materiales, mientras que mucha gente iba enloquecida de un lado para otro, por toda la ciudad, buscando a familiares o amigos.

El miedo corría despavorido.

Lloramos por lo que no ha pasado

Vine a entender la importancia de esta vivencia quince años después, cuando fui solicitada para ayudar a la gente que había sufrido en el terremoto de Manabí, Ecuador, ocurrido el 16 abril de 2016. Ya para esta época me reconocía como una especialista en pérdidas de todo tipo, por lo que podía entender el dolor de manera integral, y fue así como supe que todas nuestras vivencias pueden ser capitalizadas desde el amor.
Allí pude ver cómo lloramos por lo que no ha pasado.
Esta es la historia de una joven mujer que me sorprendió aquella vez cuando entró en la oficina, claramente afectada, llorando sin descanso, con su rostro indicando lo peor, lo cual me asustó debido a lo que mi imaginación armó. Oré a Dios por la respuesta indicada para esta mujer desconsolada.

> *- ¿Qué te duele?*, fue lo primero que le pregunté.

Después de su silencio ante mi pregunta inesperada, su respuesta fue:

> *-Lo que no hice*, contestó afectada.
> *-Cuéntame que fue eso que no hiciste*, le dije yo.
> *-En el momento del sismo tomé las manos de mis dos pequeñas, de dos y tres años, y corrí muy rápido. Cuando el movimiento se detuvo, me di cuenta de que había corrido hacia el lugar equivocado... ¡Me había parado justo bajo una plancha de cemento donde estaban los parqueaderos del edificio! ¡La mayoría de estas estructuras colapsaron y aplastaron a mucha gente!*
> *-Pero, ¿tus hijas están bien?*
> *-Sí, todos estamos bien, solo que las puse en riesgo.*
> *- ¿Y qué hiciste bien? Evidentemente si todos están bien, seguro algo también hiciste bien.*

De esa forma su llanto fue disminuyendo un poco, aunque aún le costaba responder a mi pregunta. El silencio de nuevo tomó la palabra.

> *-Les puse zapatos,* contestó en tono reflexivo.

-Excelente, le dije, si no les hubieses puesto zapatos, seguro no habrían podido correr tan rápido, o se hubieran podido hacer daño con vidrios y escombros, se habría generado una crisis mayor. ¿No crees? Estuvo muy bien haberles puesto zapatos.

A veces creemos que las acciones importantes son extraordinarias y, con frecuencia, en lo simple se encuentra la mejor respuesta.

-Espera, volví a intervenir. Déjame ver si entendí bien. ¿Estás llorando por lo que no pasó en lugar de estar contenta con lo que sí fue?

El llanto de la joven mujer desapareció y, en su lugar, fue apareciendo una leve sonrisa.

-Sí, así es, creo que es exactamente lo que he estado haciendo durante estos últimos tres meses.

Fácilmente, la imaginación puede ser peor que la realidad.

Cuánto he llorado en futuro por no poder ver a mi hija Alejandra el día de su boda o el de su graduación, o enamorarse por primera vez o disfrutar algún logro soñado… y me doy cuenta de que nadie me habría podido garantizar que eso pasara o que yo estuviera allí para vivirlo. Es entonces cuando prefiero disfrutar lo que sí existe, lo que sí viví, lo real: sus risas, su aproximación a la pre-adolescencia, sus clases de patinaje su miedo a los deportes riesgosos, su fascinación por la lectura, su mal genio o su disciplina. Todo eso sí pasó, y es mucho para disfrutar y agradecer, en lugar de llorar por lo que no pudo ser.

La gratitud es el sentimiento por excelencia. En el momento en que la hacemos presente, las cosas se ven diferentes.

La decisión

Soñaba con la ceremonia de renovación de votos por los veinticinco años de casados, con un anillo que reemplazara al que habíamos perdido mucho tiempo atrás; soñaba con una relación nueva, con el amor que nos venden los cuentos de hadas, pero lo único que llegó fue la decisión de un divorcio, porque ninguno de los dos supo manejar el guion que se había salido del formato.

De esa forma llegó el final de nuestra relación. Fabián y yo decidíamos separarnos. Alejandra, de diez años, lloró cuando le contamos y pudo aclarar que su mayor miedo era que su papá nunca volviera a morderle los pies.

Cuántas veces en la vida se nos olvida el valor de lo que creemos insignificante.

> *-Pero si detestas que te muerda los pies.*
> *-Sí, pero ahora entiendo lo chévere que es que me muerda los pies.*

Mateo, en cambio, se estaba convirtiendo en un hombre y las únicas palabras acompañadas de un abrazo fueron: "Cuenta conmigo Mita" como me decía desde que aprendió a hablar.

¿Era este, acaso, un nuevo terremoto? ¿Cuándo me había olvidado de mí? ¿Quién era yo? ¿Qué disfrutaba hacer en los ratos libres?

Mi vida la había entregado toda, sin reservas, mis miedos los había puesto en él para no tener que encargarme de ellos. Mi tiempo libre era para él, mis *hobbies* se habían convertido en apoyar los de él. Mi felicidad era verlo feliz.

¿Y ahora?

¿Cómo voy a ser capaz de vivir sin él?

Recuerdo que lloraba mucho, no sé bien qué me dolía, si mi ego, mi tiempo libre, mi orgullo, mi derrota o si yo misma al verme tan disminuida.

Todos los sentimientos se mezclaron, haciendo un batido amargo que no ayudaba mucho a mi bienestar, por lo que se hacía urgente recomponer la mezcla.

Añadí un ingrediente que ya conocía bien: **la gratitud**. Gratitud, por los veinticinco años que había invertido en mí, pues me había hecho parte de su juventud, como también de su madurez.

Agradecí su esfuerzo enorme para que nunca nos faltara nada, algo que logró con creces; su sentido del humor, que dejó como herencia en nuestro hijo, y la protección que me dio tanta seguridad en todos esos años.

Gratitud, por haberme ayudado a convertir en la mujer que soy hoy y por el amor que sacó de mí, para aprender a valorar los momentos difíciles.

Gratitud por los tres maravillosos hijos que habíamos tenido.

Empecé a ver en Fabián todos sus anhelos y esfuerzos que no supe canalizar; era hora de dejar de culpar y tomar responsabilidad. Era hora de incluir el perdón, para endulzar la mezcla.

Esto sería parte de mi reconstrucción.

El resultado fue una relación de amistad y apoyo que nunca imaginamos fuera esencial para afrontar las tragedias que llegarían más adelante a nuestras vidas.

Decidimos vivir muy cerca el uno del otro, para que Mateo pudiera disfrutar de sus dos hogares en cualquier momento. Las fiestas con sus amigos eran en mi apartamento —seguramente porque yo me encargaba de arreglar el desorden al día siguiente—, y la vida cotidiana estaba exenta de cantaleta al lado de su padre.

¿Una mala broma?

¿Cómo era posible que ahora Mateo estuviera conectado a una máquina de quimioterapia? ¿Cómo era posible que después de tantas cosas vividas estuviéramos de nuevo en un hospital con nuestro hijo?

Mateo jamás se había enfermado, pues su salud siempre fue fuerte como la de un roble.
¿Un muchacho deportista y una vida sana, ahora enfrentando un cáncer, a sus veintitrés años?

Después de la muerte de Alejandra, yo me había convertido en voluntaria activa de una fundación de apoyo a niños con cáncer y, ahora, ¿mi hijo era diagnosticado con la enfermedad? Parecía una muy mala broma.

De nuevo las cadenas de oración, los chantajes a Dios, la esperanza en un milagro. Recuerdo mi oración: "Jesús, entra tú en esa bolsa de quimioterapia y sana a mi hijo". Yo esperaba que entrara físicamente en los medicamentos y que mi hijo sanara.

Hoy ya sé que los milagros no siempre se dan de la única manera como los esperamos.

Con el tratamiento de Mateo aprendimos a recibir el amor de los demás.

Sabiendo que nos enfrentábamos a una enfermedad de alto costo, porque todas las enfermedades son de alto costo, no solo económico, sino también espiritual, emocional y físico, su primo tuvo una excelente idea.

- ¡Hagamos manillas para vender!

> *Los milagros no siempre se dan de la manera como los esperamos*

En dos segundos vino a mi mente la frase que estaría impresa en ellas: *El amor puede con todo.*

Claro que el amor puede con todo.

Los más pequeños vendían manillas en sus colegios; los más grandes en las universidades, los adultos en sus trabajos, y así se fueron sumando amigos y amigos de los amigos, hasta conformar una red enorme de **El amor puede con todo.**

66*Pierdas lo que pierdas, jamás dejarás de ser TÚ*

Con la venta de estas manillas podíamos asegurarle a Mateo todos los tratamientos alternativos que pudieran ayudar a su recuperación y, no solo eso, sino también aquello fue una hermosa manera de que la familia se uniera para ayudar y expresar su apoyo. Vender manillas permitió que pudieran sentirse parte de la solución e importantes en el proceso de acompañamiento.

Desde que inicié mi vida laboral, a los veinte años, he estado en diferentes sectores empresariales, entre nacionales y multinacionales, y nunca había encontrado un líder mayor que mi hijo Mateo, entendiendo el liderazgo como la capacidad que de gestionar las emociones.

Si había algo que identificara a Mateo era su carisma; su capacidad de relacionarse con la gente; su respeto por los demás, y su gran sentido divertido de ver la vida, que siempre estuvo presente.

Porque, pierdas lo que pierdas, jamás perderás tu esencia. Jamás dejarás de ser TÚ.

Pasado el primer ciclo de tratamiento, se hicieron los exámenes de seguimiento; el indicador tumoral que había iniciado en diez mil, ahora estaba en mil. Nos arrodillamos y dimos gracias a Dios. ¡Venceríamos!

Pero el rostro del médico, al leer el resultado, no coincidió con nuestra felicidad.

-Mil no es suficiente, tiene que estar en cero. Eso significa que el tratamiento no está funcionando.

-No importa, dijimos. Si bajó a mil, es más fácil con un nuevo impulso llevarlo a cero, pensamos y seguimos con la misma fuerza, negándonos a lo que el médico en realidad nos quería decir.

Al terminar el ciclo de quimioterapia, se debía cambiar de esquema de tratamiento, pues el resultado no había sido el esperado. Sucedió que, con el siguiente esquema, pasó lo mismo; el tumor no disminuía.

Los tratamientos de medicina alternativa fortalecían nuestra esperanza, mientras nos daban la oportunidad de sentirnos menos impotentes frente al monstruo del cáncer.

Aprender a recibir el amor de los demás, sentirnos acompañados en el miedo más grande de la vida y, por otro lado, permitir a quienes nos rodean ser útiles en medio del dolor, fueron algunas de las enseñanzas más grandes que nos dejó esta enfermedad.

Por lo general, es más fácil dar que recibir.
El último cambio de esquema se hizo en el mes de diciembre de 2013; recuerdo la quimioterapia del 31 de diciembre. La conversación de esa tarde fue algo como:

-Mita, qué opinas de que pase esta noche en Barranquilla...

Su novia y la familia de ella estaban allá.

-Mate, me parece bien, si te sientes con ánimos para viajar.

Mi objetivo se había centrado en complacerlo y hacerlo feliz; ya no me interesaba educar.

Tal vez me había rendido ante el dolor.

Luego nos enteramos que se emborrachó, y brindó por la vida junto con su novia de seis años atrás y sus esperanzas...

Nunca se lo dije, pero celebré que lo hubiera hecho.

El resultado de este nuevo esquema tampoco fue alentador. Seguía un esquema experimental.

> *-Mita, Pito, hablemos. Es obvio que ningún tratamiento está funcionando. Yo paro aquí... Eso no significa que no quiera la vida, solo significa que la quiero vivir bien. Ya estoy empezando a tener efectos secundarios con los que no quiero vivir...Por favor, apóyenme.*

¡*Wow*! ¡Tener a tu hijo en frente tuyo, diciéndote esto! ¿En qué momento creció tanto? ¿Cuándo se convirtió en hombre? y ¿a qué hora llegó a ser el líder que era?

Con lágrimas en los ojos y un nudo en la garganta nos abrazamos, siendo este nuestro gesto de apoyo, porque con palabras era imposible decir algo más de lo que ya se había dicho.

***

Papucho

-Papi!, ¡Papucho, despierta! ¡¡Papiiiiiiii!!

Mi padre y yo no teníamos una relación de confianza, supongo, probablemente porque no habíamos convivido tiempo juntos, a causa del divorcio de mi mamá, además de su permanencia durante diez años en el exterior.

Pero un padre es un padre.

Cuando regresó, logramos acercarnos. Si bien no lo había disfrutado mucho en mi niñez, ahora siendo adulta podría ser una experiencia increíble. Una buena y valiente decisión. Me alegra haberlo hecho así.

La valentía también consiste en hacer algo cuando en realidad sería más fácil no hacerlo. Claro. Nos sentíamos incómodos al no saber de qué hablar, pero como todo en la vida, la constancia es un ingrediente importante en cualquier proceso.

Por mucho tiempo la conversación era algo como:

-Hola Papucho cómo estás.
- Bien mami, gracias. ¿Y tú?
-Bien, Papucho. Con mucho trabajo...
- Ah, bueno, gracias por la llamada.

Pero cuando tomamos los problemas como parte de la solución, las cosas se ven diferentes.

En alguna oportunidad me quedé sin trabajo, entonces decidí hacerlo parte de mi temporal desempleo, así que aprendimos a pasar mucho tiempo juntos, y disfrutarlo.

> **"***La valentía también consiste en hacer algo, cuando en realidad sería más fácil no hacerlo*

> **"***Los problemas también son parte de la solución*

Conocí una parte de su personalidad que me gustó mucho y le permití conocer otra parte de la mía; aprendimos a hablar sin prevenciones y a pasar los días en mutua compañía, sin que ya nos incomodara el silencio. Años después, ese 24 de febrero de 2014, estaba frente a él, llamándolo con desesperación.

- ¡Papi, papi, Papuchoooooo! ¡Despierta!

Estaba en su cama, frío, con los ojos cerrados. Ya no me escuchaba; los paramédicos dijeron que había sido un infarto.

¿Justo ahora? ¿Cuándo más te necesito? Es difícil explicar la sensación de protección que genera un padre...

No importa si nos veíamos mucho o poco, era mi papá, y con él me sentía segura. Y ya no iba a estar ahí para protegerme.

Mi respeto hacia él había crecido cuando lo vi pidiéndole de rodillas a Dios que cambiara su vida por la de Alejandra. En su argumento, le decía que ya él había cumplido todos sus propósitos, que tenía cerca de ochenta años, mientras que Aleja, su nieta, solo once.

Hoy valido que su mejor enseñanza para mí, fue la dignidad. Aceptar cada momento con lo que hay. Su vida había sido una montaña rusa. Épocas de abundancia, otras de escasez y cada una había sido vivida de la manera correcta.

Para mí, que, aunque ya conocía la muerte cara a cara, tenerla cerca me aterraba. No sabía qué hacer, a quién llamar… la confusión era completa. Él, mi padre, la muerte y yo, juntos, sin saber de qué hablar, de nuevo uno al frente del otro.

Esta vez la culpa llegó de la manera más absurda e inesperada. En mi negación, llegué a sentirme culpable de haberlo enterrado vivo. Es que así de absurdo es ese sentimiento. Los paramédicos dijeron que la muerte se había ocasionado alrededor de seis horas antes de haberlo encontrado. Sin embargo, yo sentía que no lo estaba, que solo dormía y que iba a despertar en cualquier momento. La negación se hacía presente.

Lo que más me asustó fue darle la noticia por teléfono a mi hermano, que vivía fuera del país.

> - ¿Está muerto?
> - No sé...

Sentía que confirmar la noticia no daría posibilidad de dar vuelta atrás. Es un sentimiento muy extraño; como si el hecho de decirlo, lo convirtiera en realidad.

No tuvimos mucho tiempo. No hubo velación, ni anuncios en el periódico. Al día siguiente estábamos en la iglesia despidiendo a mi ´Papucho´, sin tener tiempo suficiente para llorar.

Mi vida iba a la velocidad de la luz, sin poder frenarla.

Entre la tristeza de no tener a mi Aleja, la enfermedad de Mateo, el trabajo que necesitaba para cubrir las necesidades económicas y el desgaste que ocasionaba simplemente vivir, pasaban los días. Las lágrimas se habían gastado y el cansancio me tentaba a darme por vencida.

Fue aquí cuando me arrodillé y le dije a Dios:

> -Te confundiste, ¡no soy tanto, ni puedo con tanto! Háblame, Señor, de manera en que yo entienda. Por favor dime algo y hazte presente.

Esperando en lo sobrenatural, en lo que no tiene lógica ni sentido alguno, la respuesta llegó casi al instante. Fue a través de un versículo de la Biblia, que abrí con desesperación.

> *Esfuérzate y se valiente, no temas ni desmayes, porque yo, tu Dios, estaré contigo a donde quiera que vayas.* **Josué 1:9**

Él sabía lo difícil de la situación, por eso me pedía esfuerzo; sabía lo que dolía por lo que me instaba a ser valiente; conocía el miedo aterrador que sentía y me animaba a que no me rindiera, sabiendo que mis fuerzas se agotaban.

Hoy puedo asegurar que, así como cumplir aquella instrucción no ha sido fácil, su promesa se ha mantenido.

Así que, con una indescifrable calma pude decir:

> - *Adiós Papucho, GRACIAS por todo. Te quiero. Nos vemos 'en casa'.*

No tenía tiempo para detenerme. No era el momento de parar.

Entonces me di cuenta de que el duelo dura el mismo tiempo que permanezcamos como víctimas.

Apenas un mes después de enterrar a mi padre, habíamos tenido que hospitalizar a Mateo por una neumonía. Un diagnóstico nada alentador en un cáncer de pulmón.

Sabíamos que era el principio del fin. Estábamos sin fuerzas, a estas alturas ya ni siquiera esperábamos el milagro que tanto habíamos pedido. El corazón latía a media marcha y los pensamientos se enredaban con nuestro andar lento e inseguro.

Solo había algo firme a nuestro alrededor. ¡El mástil! Ese mástil al que me agarré luego de la partida de Alejandra y del que jamás deberé soltarme.

Permítanme hacer una pausa y contarles la historia de un viaje en velero, divagando en medio del mar, intentando de alguna forma, estabilizar mi mente.

CAPÍTULO 6
AGÁRRATE DEL MÁSTIL

*La vida requiere de estabilidad,
rumbo y dirección*

La nada es un lugar físico. Lo entendí el día que salí corriendo hacia allí para darle al cuerpo descanso, a la mente tranquilidad y al alma silencio.

Tal vez, hasta ese momento, jamás había dimensionado la palabra "amigo"; es más, ahora que veo lo que él hizo por mí, creo que yo nunca había sido hasta el momento una verdadera amiga de nadie.

El dolor y el sufrimiento te quitan la máscara que, por años, has llevado encima, permitiéndote ver tu lado oscuro. ¿Cómo había podido ser tan insensible al dolor de los demás? ¿Cómo había pasado por alto tantas veces una mirada, un gesto, incluso una lágrima? Sin máscara me vi mal, insensible. Tal vez no había sido tan buena como yo pensaba.

> **❝***El dolor y el sufrimiento tienen el poder de quitar las máscaras***

Esa llamada de Rodrigo abrió mis ojos.

-No puedo viajar a verte, pero quiero hacer algo por ti, dime qué.

Aquel inolvidable diciembre de 2012, pensando en huir, en no enloquecerme en la rutina que se hacía intolerable, necesitando encontrarme después de mi pérdida, que me había dejado perdida, me atreví a preguntar:

- ¿Aún tienes un velero? Pronto llegará la Navidad y creo que no soportaré enfrentarme a las luces, los papá Noel; árboles encendidos, villancicos... ni enfrentarme a mis fantasmas. Quisiera pedirte el favor de que me lleves a la nada. Llévame a la mitad del mar, donde yo no exista por un momento...

El tono decisivo que acompañaba mi súplica no dio espacio a negativas, a pesar de que mi petición involucraba fechas familiares.

-Entonces, ¿para qué son los amigos? Dijo él, sin dudarlo un segundo.

Di las gracias desde el fondo de mi alma. Sabía que eso era exactamente lo que necesitaba.

A raíz de esto, se reforzó mi concepto de amistad; no había llegado a evaluar el impacto de un verdadero amigo.

Estas experiencias cambiaron mi vida porque, desde el fondo de mi ser, aprendí a ver con los ojos del alma; a sentir el dolor en una mirada, a poner lo mejor de mí para aliviar y masajear el alma de la gente. De hecho, es el título que más he apreciado de alguien tratando de presentarme ante un público, "una masajeadora de almas".

El velero era imponente, casi mágico. Era el vehículo que me llevaría a mi destino: *la nada*.

Las gaviotas bailaban a mi alrededor sin cansancio, aunque yo no tuviera nada que ofrecerles.

Mientras tanto, el mar revoloteaba día y noche, golpeando el barco, tal vez queriendo recordar que en la nada también había vida.

La luna alumbró mágicamente cada noche de los veinticinco días que estuvimos navegando y el sol no dejó de despertar radiante cada mañana. Parecían gritar al unísono que después de la oscuridad, siempre llega la luz.

Ellos, mis grandes compañeros, se aliaron muy bien con el silencio. Y fue allí donde empezó a gestarse este libro, sin creer que alguna vez sería público, siendo apenas un mecanismo de catarsis que descubrí en el proceso de entender mi nueva realidad.

Fue en ese mismo lugar donde mis miedos salieron a flote; miedo a seguir y miedo de parar. Miedo de vivir y miedo de morir... miedo de ser y de no ser.

Ese miedo al que yo tanto temía fue también mi compañero de travesía, haciéndome ver cuán cobarde es ese sentimiento que llega a manejar nuestros pensamientos, nuestras acciones y, por supuesto, nuestra vida.

Una vez lo enfrentas se esfuma, se desaparece o se transforma. Lo he visto pasar por varias metamorfosis: valentía, reto, ganas y, también, reflejado en caras nada amables como la envidia, rabia, venganza, vergüenza, entre otras tantas.

Tuve miedo de regresar del viaje, de volver a vivir después de hacerlo de manera tan básica. Mi rutina se resumía en despertar, comer y dormir. No había otro propósito allí sobre el agua; no había imagen de futuro y ni siquiera de presente. No había nada en la nada, solo agua, viento, sol, luna, estrellas, pájaros y la certeza de una vida invisible en el fondo del mar.

Ahora sé que lo que veía como "Nada", era la presencia divina de un "Todo" que me obliga a reconocer que la vida no necesita demasiadas cosas extra para ser vivida a plenitud.

> **"***El mástil nos permite volver a la posición inicial, y sostiene la vela que da rumbo y dirección***

Sé que nos enredamos haciendo compleja la felicidad. Que el día, la noche, el viento, como todo lo demás, son de paso. Unos vienen y otros van, pero jamás dejan de existir, como Alejandra, cuya presencia pasaría a ser tan sutil como el viento, tan radiante como el sol, tan fuerte como la tormenta, tan viva como las estrellas, tan enigmática como la luna...

La presencia de ese *Todo*, era la misma presencia de mi hija.

El trabajo en un velero es exigente y depende de instrucciones que se resumen en frases sencillas como: "Levante o baje la vela"; "Sostenga el timón para que el viento no lo domine"; "Asegúrese de amarrar bien el bote al muelle para que no se suelte".

También hubo tiempo para disfrutar de alguna isla desierta que encontrábamos en el camino; esas islas que nos dejan maravillados y que nos hacen sentir intrusos, en medio de su paz.

Entre tantas indicaciones, definitivamente la más importante llegó en la primera conversación a bordo:

> *-Dime qué debo hacer porque jamás he estado en un velero,* dije

El mástil es una de las estructuras más importantes en este tipo de embarcación, pues es el encargado de poner el barco en posición inicial si este llegara a voltearse; además es el que sostiene la vela, que a su vez es la que da rumbo y dirección.

Después de una tragedia, lo primero en lo que pensamos es en saltar por la borda. Tal vez lo mismo que haríamos sin instrucción, en medio de la confusión de un hundimiento.

Es realmente revelador saber que debemos hacer todo lo contrario. En lugar de saltar y ponernos en un riesgo mayor, debemos correr hacia el centro y agarrarnos fuerte.

El mástil es la única opción de sobrevivir; por muy fuerte que sea la tormenta y, por difícil que sea llegar al otro lado, es lo que nos permitirá salir a flote.

No significa que nuestros miedos dejen de apresarnos; que dudemos de si hacemos lo correcto o no. Que nos angustiemos pensando que nos vamos a ahogar, mientras el bote se estabiliza de nuevo. Significa que agarrarnos del mástil nos da la certeza de que por difícil que sea la situación, este será nuestra protección y salvavidas.

La vulnerabilidad en la que quedamos tras un dolor inimaginable y sin medida, nos pone en riesgo. Por eso necesitamos a alguien que nos dé instrucciones y guíe nuestro camino.

Agarrarme del mástil ha sido lo más importante que he hecho en mi vida, puesto que es mucho más sencillo vivir creyendo, que vivir sin creer. Si no lo hiciera así, mi vida sería insoportable.

Creer es la esperanza de un nuevo día, de una nueva vida, de un nuevo pensamiento, de un nuevo amor, de un nuevo yo.

Creer es saber que somos **SERES DE PASO** y que, así como la noche pasa, nosotros, peregrinos del mundo, permaneceremos en un proceso dinámico que no se detiene en el tiempo, ni en el espacio y que nos conducirá hacia el encuentro con Nuestro Creador.

Si la vida se detiene, pierde su valor y su razón de ser.

La aventura en el bote terminó como terminan las cosas importantes: con tristeza, llanto, alegría por lo vivido y, por supuesto, miedo de volver a la realidad, y sin saber exactamente qué traería cada nuevo día.

Ese viaje de veinticinco días fue trascendental para conocerme mejor, para darme cuenta de mis inseguridades y de mis heridas, para entender mis sentimientos y dudas, y así poder empezar a procesar mi dolor.

No puedo decir que esto lo supe apenas me bajé del barco o cuando subí al avión que me regresaría a la vida. Fue quizá varios años después, porque como la mayoría de las cosas, se entienden mejor con el tiempo…

Ese apreciado amigo quedaría tatuado en mi corazón como una de las personas más activas en mi proceso de duelo, al enseñarme sobre la incondicionalidad del amor.

Ahora sé que ser amigo, aunque es una tarea compleja, no es tan difícil. Que a veces la única palabra válida es *estoy aquí para ti*. Es dejar claro que algo puedes hacer y que estarás listo para ese llamado.

Llamado a lista

Sábado 5 de abril de 2014. Habíamos amanecido en la habitación del hospital, Mateo su novia y yo. Mi hijo nos despertó muy temprano, con un fuerte grito:

 -¡¡Mateo Lineros!!

Quedé parada de un solo brinco y llamé inmediatamente a Fabián:

- ¡Ven pronto a la clínica, Mateo se va a despedir!

Yo sentí que lo estaban llamando a lista, y por eso se presentaba tan fuerte con su nombre y su apellido.

Luego nos tomó de las manos, mientras hacíamos un círculo al que llenamos de amor y nos pidió que oráramos.

En aquel tiempo, Mateo había estrechado fuertemente su vínculo con Dios, la mejor ganancia de su enfermedad; por eso el domingo anterior, cuando había estado en la Iglesia, le contó al pastor que simplemente iba ese día a dar gracias a Dios por su vida y por todo lo que Él le había dado. Su corazón estaba aferrado al mástil.

Ahora estábamos haciendo lo mismo; dando gracias a Dios por la vida de Mateo, en la nuestra, por el tiempo vivido a su lado y por enriquecer nuestra existencia.

Una vez terminada la oración, hizo un gesto con su mano:

-Ahora sí, a descansar.
Al medio día se sentía incómodo, quería bañarse, cambiarse de ropa y afeitarse. Necesitó la ayuda de su papá, de un tío y de un camillero que siempre había estado presente.

Mateo estaba perdiendo su vida, pero su sello estaba intacto.

Todos tenemos un sello especial, ese con el que la gente nos recordará. Esa palabra con la que nuestros conocidos terminarán la frase que nos describe.

La frase de Mateo sería que "siempre estaba pensando en el bienestar de los demás".

Porque mi hijo más de una vez entregó sus zapatos recién comprados a alguien que los tenía rotos; más de una vez hizo una colecta para ayudar a pagar el recibo público de otra persona y siempre tenía en su boca una palabra de aliento para cualquiera que estuviera pasando por un mal momento.

Y ese doloroso día no podía ser la excepción. Al terminar el agotador baño, pidió su billetera y sacando todo lo que tenía en ella, dijo al camillero:

-Amigo, gracias. Esto es suyo... Gracias por todo lo que me ha ayudado. Usted ha sido especial en mis momentos más duros. Gracias de nuevo...

Hacia las tres de la tarde, su agonía era absoluta. Su dificultad para respirar me dolía en todo mi ser, por lo que decidí hablar con el Padre Creador.

-Señor... te lo entrego. No soporto verlo sufrir, así que por favor tómalo y llévalo contigo, adonde él pueda descansar; a ese lugar donde no existe el miedo ni el dolor, donde dices que todo es perfecto, sin tiempos que nos afanen, ni angustien. Donde el amor no se limita, donde tu presencia lo cubre todo. Me rindo. Llévatelo...

Autorizamos un incremento en la dosis de morfina, hasta que Mateo quedó dormido, en reposo.

Sabiendo que así iniciaba un viaje sin regreso...

Horas antes, Mateo había cerrado el círculo. No quería a nadie cerca más que a su novia, a Fabián y a mí. Hubo momentos de silencio, de llanto, de oración, de recuerdos, de abrazos, de miradas, y así hasta las ocho de la noche cuando Mateo respiró por última vez.

De esta manera despedíamos a nuestro tercer y último hijo en esta tierra.

De nuevo la cobarde culpa se sentaba a mi lado.

Como ya había aprendido a vivir sin reservas, llorando me acerqué a Manuel y le dije:

-Manu, es culpa mía. Por mi culpa Mateo ha muerto.

-Yo le pedí a Dios que se lo llevara y eso pasó. Lo que me dice que en ese justo momento Dios me estaba escuchando. Entonces si tenía su atención, he debido pedirle que lo salvara, que obrara un milagro. Es mi culpa. Pedí de manera equivocada.

Manuel me miró con compasión, pero no pudo dejar de esbozar una leve sonrisa.

- ¡Ay, Eveline!... Yo no creo que tú tengas tanto poder. No eres tanto.

Sus palabras descargaron un peso enorme de mi espalda. Hoy entiendo que, gracias a Dios, Él actúa a pesar de nuestros miedos e inseguridades, de la manera correcta. Sería horrible que lo pudiéramos manejar con hilos de marioneta. Insoportable sería tener el control sobre la muerte.

Una crisis genera otra

Cuando estamos en medio de la angustia, solemos tomar decisiones inapropiadas o escuchar consejos sin sentido; pensamos en cambiar de trabajo y lo que generamos son crisis económicas; queremos cambiar inmediatamente de lugar de residencia y nos alejamos del entorno que conocemos, generando crisis de adaptabilidad. Cambiamos de ciudad o hasta de país, aislándonos de nuestra propia familia, ocasionando soledad en los demás y/o en nosotros mismos. Nos separamos de nuestra pareja, provocando un desastre mayor en nuestras vidas. Finalmente tratamos de huir de la realidad provocando otro desastre, como si los problemas los pudiéramos dejar por fuera de la maleta. En otras palabras, buscamos saltar por la borda, a riesgo de ahogarnos en lugar de agarrarnos del mástil para retomar el rumbo.

Una vida nueva, una ciudad nueva, amigos nuevos pueden ser grandes distractores o un alivio temporal, pero no una solución definitiva al problema.

Hay que afrontarlo desde la raíz.

En la respuesta a la pregunta: ¿Estoy caminando hacia…? O ¿estoy huyendo de…? radica la diferencia. Y en medio de una situación tan difícil, es común querer huir.

Entre tanto dolor no alcanzamos a identificar las diferentes crisis, que se ven como una gran nube de jején que nos envuelve por completo. Esa nube es imposible de agarrar de una sola vez, por eso es necesario ir matando uno a uno estos bichitos, hasta que podamos abrir un hueco por dónde mirar hacia afuera. Cada crisis se debe abordar por aparte y desbaratarla paso a paso, hasta desarmar la totalidad de la nube alrededor nuestro, para lograr ver con claridad; siendo objetivos para no mezclar los problemas de pareja con las dificultades económicas o con cualquier otra inestabilidad que con el duelo se pueda agudizar.

Diferenciar el hecho de los sentimientos que este nos genera nos asegura caminar del lado correcto. Por algún tiempo pensé que mi gran problema había sido la muerte de mis hijos, hasta que logré identificar que esta era una situación; el problema real no era que ellos hubieran partido, sino que YO no sabía vivir sin ellos.

Solamente entendiendo el problema, es como se puede trabajar en la solución.

"*El miedo a morir, muere con la misma muerte.*"

Un adiós necesario

A través de la ventana puedo ver la sombra del pánico; es un miedo tan cobarde, que se esconde detrás de lo cotidiano. Pasa delante de las rutas escolares, retando el recuerdo de la madrugada esperando el bus del colegio entre risas, de conversaciones sin trascendencia o tras regaños de cualquier tipo. Está en el sonido de los carros afanados por llegar a tiempo al trabajo; de la estación de Transmilenio repleta de gente con la ilusión de que llegue el día de pago para cumplir con las obligaciones y así poder llevar algo extra para los hijos; de la risa de los niños arrastrando sus pesadas maletas escolares, sin darse cuenta de que los libros y cuadernos van acompañados de la existencia.

Solamente entendiendo el problema, es como se puede trabajar en la solución

El pánico que se esconde detrás de la vida. No de la muerte. El miedo a la muerte, muere con ella; en cambio, el pánico de la vida sigue presente. La vida que solo me recuerda su existencia cuando me doy cuenta de que mis pastillas diarias para la tiroides se están acabando. La evidencia de que el tiempo no se ha detenido como yo.

Cuánto había anhelado que mi tiempo parara, que se detuviera para siempre en un abrir y cerrar de ojos, pero el anhelo no es suficiente; cada mañana, el ahogo en la respiración y el vacío en el estómago, me recordaban que seguía aquí, que estaba viva.

Intenté seguir igual, pero mi vida había cambiado, y yo con ella. Ya no era la misma y me costaba trabajo adaptarme. El miedo nublaba el camino y por otro lado me impulsaba a cambiar.

Despedirme de mi vida anterior se hacía necesario.

Después de tantos años de vida laboral, decidí renunciar. Mi gente no se merecía un líder disperso, triste y sin ganas de seguir. Consideré que había llegado el momento de hacerme a un lado para dar espacio a alguien que pudiera hacer el trabajo mejor que yo; era momento de recompensar, con mi renuncia, a esos jefes que me habían demostrado que el amor existe y que a veces se representa en forma de paciencia.
Era tiempo de avanzar… de caminar hacia lo desconocido, aunque significara un salto al vacío.

Pensando en hacer algo más que dormir, trabajar y comer, después de la muerte de Alejandra, decidí pasar de ser voluntaria en aquella fundación de ayuda a niños con cáncer, a vincularme tiempo completo en el cargo de directora comercial que me ofrecían. Mi trabajo de hacerlos reír en las increíbles horas de almuerzo que compartíamos, lo cambiaría por dedicarme a conseguir recursos para su sostenimiento.

Desde el ego del dolor me preguntaba, ¿qué más podía temer? Si ya había pasado por el gran holocausto de mi vida. Nada me podía impactar más. Estaba equivocada. No importa lo mucho que hayamos perdido, siempre habrá algo que añorar.

Incluyéndonos a nosotros mismos.

Lo reafirmé el día que sonó el teléfono para decirme que Juliana había muerto...

"Somos más grandes cuando nos volvemos pequeños

Juliana, de tan solo tres años de vida.

Una pequeña de pocas palabras, que había llegado unos meses atrás con su madre, buscando ayuda en la fundación y quien, con su sonrisa, iluminaba el mundo entero, contagiándolo con su alegría. Sus dibujos lo decían todo. Era especial.

Fue tal mi dolor que lloré y lloré por horas. No sé si lo hice por ella, por su mamá, que no tenía más de veinte años, o por mis hijos representados en aquella niña.

O tal vez era por mí misma, que no entendía nada.

-No cuenten más conmigo, fue lo que dije al día siguiente.

Era claro que no era yo la persona que necesitaban si, al estar tan cerca a la muerte y convivir con ella, me derrumbaba como lo había hecho. Mientras pensaba en esto, llegó a mi mente con mucha intensidad, casi como si me hablara en voz alta, un conocido refrán que dice: "Al César lo que es del César y a Dios lo que es de Dios". Quería hacer caso omiso y tapar mis oídos, pero era imposible, casi se convertía en un grito al oído, así que decidí prestar atención y tratar de entender el mensaje.

Dios era fácil de reconocer, Dios es Dios, pero, ¿qué es de Dios? Pues de Dios es la vida y la muerte. ¿Acaso no hemos visto a miles de personas tratando de dar vida de diferentes maneras, con resultados negativos? Mujeres y parejas en costosos y largos tratamientos de fertilidad, que no logran ningún resultado; mientras que otras, sin siquiera pensarlo, o incluso por eventos traumáticos como abusos sexuales únicos, quedan en embarazo.

La vida le pertenece a Dios…
Por otro lado, guardo varios recortes de periódico con noticias de muertes absurdas producidas por balas perdidas, caídas desde un andén; también conozco casos de personas que sobreviven a eventos realmente sorprendentes como caídas de paracaídas sin abrir, a cientos de metros de altura; saltos desde edificios o el caso de un señor víctima de un secuestro, quien al desatar una pelea con su secuestrador en la parte trasera de un vehículo, recibió cinco tiros a quemarropa y, en contra de todo pronóstico, sobrevivió. Hoy día es quien hace mantenimiento a mi computadora.

La muerte le pertenece a Dios.

Entender eso a profundidad me hizo pensar en cuántas veces queremos suplantar a Dios, creyendo que somos los responsables de la vida y/o de la muerte.

Perdón Señor por querer hacer tu papel, fue mi oración sincera. De la manera más ingenua, llegué a pensar que por el hecho de ir allá, compartir y hacer de las vidas de estos valientes guerreros una mejor experiencia, les iba a evitar la muerte. Como si fuera yo el mismo Dios. Qué pena sentí al entenderlo. Recordé cuando me sentí culpable de la muerte de mi hijo, al haberle pedido a Dios que se lo llevara para no verlo sufrir.

Así que, si la vida y la muerte le corresponden a Dios, ¿quién y qué es del César? Mi conclusión es que el César es un hombre, como cualquier otro, como usted o yo, y a quien le corresponde lo que está en medio de los dos extremos.

Nos corresponde la vida. Hacerla amable, dar fruto, ser responsables con ella y cuidarla como el tesoro que es, pero entendiendo que de ahí en adelante le pertenece a quien la creó, al dueño.

Entendí que ese propósito de vida que había buscado con tanto ahínco dentro de mí, estaba afuera, en la gente; que tenía más que ver con ellos que conmigo. El propósito de mi vida era tan sencillo como servir a los demás, es donde encontraría mi realización.

Desprenderme de mi ego para entregarlo todo sin la expectativa del resultado, me permitió volver a aquella fundación para aprender de los niños; de su sencilla forma de ver la vida, de su manera básica de resolver los conflictos, de la confianza que ponen en sus cuidadores y de su sabiduría para gestionar las emociones. Ahora entiendo lo grandes que somos cuando nos volvemos pequeños.

Acompañarlos entregando lo mejor de mí, sin expectativas, cambió mi perspectiva.

Aprendí a despedir con tranquilidad, sabiendo que Dios está en control, no solamente del que parte, sino también del que se queda.

Dejé de ver a mis hijos como pérdidas, para verlos como mi más grande ganancia.

Luego de un año de trabajar para aquella fundación, con el aprendizaje necesario, supe que era la hora de emprender otra ruta, mi propio camino, mi destino.

Y aquí estoy.

Subir es más fácil que bajar

En mi proceso he tenido subidas y bajadas.

Hoy reconozco que, por muy empinado que se vea el camino, subir es más fácil que bajar.

En la subida tienes la fuerza del impulso; sabes cuál es la meta y tienes presentes las piedras con las que puedes tropezar. Pero una vez llegas arriba, se te pierde el panorama porque has gastado tu energía y aun así debes continuar. La familia; la gente; los amigos, ya no te acompañan. Ellos han vuelto a sus vidas y, tú, quedas solo con la tuya. Es allí donde avanzar es más difícil. La senda parece interminable y las bajadas dan miedo; avanzar es aterrador y genera dudas.

¿Y si me dejo morir?

Tengo el insoportable pensamiento de que no voy a ser capaz, de que el reto de vivir sin ellos es demasiado para mí y, en ese orden de ideas, que sería mejor no estar aquí.

¿Acaso no es lo que siempre escuché?

-Es imposible superar la pérdida de un hijo.

¿Cómo iba a poder yo superar la pérdida de TRES? ¿O será también que la idea de morir en vida, tal vez haya sido una ilusión creada por las novelas o las historias de amor?

Pero estoy viva. En contra de mi voluntad, superé la muerte de mi primer hijo; la muerte de mi matrimonio; la de mi pequeña, y, por si fuera poco, también sobreviví a la muerte de Mateo; la de mis padres y, sin embargo, aquí estoy, respirando y viviendo.

Trato de recordar quién me dijo que era imposible superar un evento tan devastador. No lo recuerdo, pero fue la idea que compré.

¿Cuántas cosas habré comprado, sin siquiera saber de dónde vienen? He guardado tanta información como me era posible, pero es hora de replantear y cuestionar si toda ella es válida.

Veo a la gente vivir y me pregunto cómo pueden ser tan inconscientes. ¿De verdad creen que son inmunes y que nada así les podría pasar a ellos? ¿Cuántas veces habré yo actuado de la misma manera?

Ahora entiendo que no es posible vivir pensando en lo que puedes perder.

¿Qué tanto podríamos disfrutar la vida, si estamos con el miedo permanente de perderla?

Aunque por momentos me da rabia convivir con la ceguera universal, entiendo que hace parte de la bajada; a pesar de ello, siempre he encontrado en el camino a alguien que me quiera dar su mano, si yo estoy dispuesta a tomarla.

Los cambios generan incertidumbre; salir de la zona cómoda no es grato. Pero es hora de caminar por el valle y aprender a descender con cuidado, en medio de la incertidumbre y la confusión.

Caminar sin la expectativa del resultado nos permite gozarnos el proceso. El estudiante estudia para el grado; el trabajador espera el cargo superior; el deportista va por la medalla; los padres esperan la adultez de sus hijos; los hijos, la vejez de sus padres y hasta el creyente, lograr el cielo.

Cuando los resultados no cumplen nuestras expectativas, nos sentimos inmensamente frustrados… ¿Y qué tal si aprendemos a vivir con metas, sí, pero gozándonos el proceso, independientemente del resultado?

Si vivimos entendiendo que el cielo empieza AQUÍ; que no importa si nuestros padres llegan o no a viejos, si nuestros hijos nos acompañan a morir o somos nosotros los que lo hacemos, reconoceríamos que cada día es un proceso valioso en sí mismo, y que no se trata de un resultado, sino de muchos procesos.

Así serían más fáciles las despedidas, las quejas desaparecerían y viviríamos felices por la meta lograda cada noche. Las relaciones serían más duraderas, el creyente viviría en el paraíso todos los días.

Si los hijos mueren hoy, valoraríamos más que hayan vivido ayer; si el trabajo terminó, capitalizaríamos mejor el aprendizaje para nuestra próxima meta.

Si cada día lo vieras como un logro, ¿cómo sería tu evaluación?

Entonces... ¿La vida vale por lo vivido o por lo que viene por vivir?, ¿el amor depende del beso que darás o del que ya diste?, ¿el dinero que gastas es el que no has ganado todavía?, ¿tu Dios vale para tu vida o solo para tu muerte?

Caminar por la vida disfrutando del paisaje, sin importar si hay lluvia o sol, te dará la fuerza necesaria para subir o bajar según la senda que atravieses, y de acuerdo con el momento de la vida en el que te encuentres.

CAPÍTULO 7
LA HERIDA SE CONVIERTE EN CICATRIZ

Cuando olvidar no es una opción

Lo que no pertenece a la lógica, lo buscamos fuera de ella. Es por eso que, en medio del dolor, recurrimos al Ilógico Dueño de toda la creación.

-Dios, necesito dirección. No sé qué hacer, confírmame el camino.

¿Has tenido la oportunidad de escuchar una voz que no habla, de entender un idioma que jamás has estudiado?

Pues lo cierto es que, reconociendo que no esperaba que mi súplica fuera atendida, lo entendí. Sentí que por primera vez en mi vida podía ver el camino con claridad.

Era extraño que la respuesta llegase en forma de canción; seguramente, si hubiera llegado de una manera convencional, lo más probable es que la hubiera pasado por alto.

La emoción que me genera escucharla y el llanto desenfrenado que me produce, es la confirmación de que no es un invento de mi imaginación. Es, a través del lenguaje del llanto, con el acento de los suspiros, que logro comprender eso que para otros sería incomprensible; es ahí cuando identifico que alguien me mira y me habla sin sonido, superando los límites del entendimiento.

> **"***Los mensajes más poderosos son imposibles de descifrar bajo la lupa de la lógica.*

Fue a través de la radio de mi carro, en la misma emisora de noticias de siempre, cuando escuché una canción que llamó a todas mis emociones a que se hicieran presentes.

Esa misma que me devolvió en el tiempo diez años atrás...

***

2002

Recién habíamos llegado de Armenia y me había inscrito en un curso de crecimiento espiritual en mi Iglesia; era el último día y nos reunimos para orar por las necesidades individuales. Estábamos pasando por una difícil situación económica, así que lo normal hubiera sido que mi petición fuera por ese motivo, ¡pero no!, de mi boca salió:

- ¡Señor, quiero ser un instrumento de tu paz!

¿Cómo? ¿De dónde había salido eso? ¿Un instrumento de tu paz? Yo necesitaba trabajo para tener paz, no ser un instrumento de paz.

Mucho menos si en aquel grupo estaba el presidente de una empresa multinacional líder del sector farmacéutico, en el cual me había desempeñado por muchos años.

¡Es absurdo, Eveline!, me recriminé. Había echado al bote de la basura una excelente oportunidad. ¡Qué tonta! Culpé a mis miedos e inseguridades de aquel ridículo episodio. Diez años después, todo cobraba sentido.

> **"***El duelo se puede vivir de manera diferente*

Sentí miedo. Ese mismo miedo que sentimos cuando el jefe nos llama a su oficina.

Dios quería que yo fuera un instrumento de su paz, ¿y cómo iba a hacer eso?

Traté de escapar, de negar el llamado y seguir sin atender como cuando jugaba a las escondidas y me tapaba los ojos, creyendo que, si yo no podía ver a nadie, los demás tampoco me podían ver a mí.

♫Hazme un instrumento de tu paz.
Donde haya odio, lleve yo tu amor
Donde haya injuria, tu perdón, Señor.
Donde haya duda, fe en ti…

Maestro ayúdame a nunca buscar,
el ser consolado, sino consolar.
Ser entendido, sino entender
Ser amado, sino yo amar.

Hazme un instrumento de tu paz.
Que lleve tu esperanza por doquier,
donde haya oscuridad, lleve tu luz.
Donde haya pena, tu gozo Señor ♫

(Oración atribuida a San Francisco de Asís)

Significaba que, para cumplirlo, debía salir de mí y poner la atención en los demás.

Si sufrimos una quemadura de alto grado y nos dedicamos a revisar la herida, aplicándole diferentes medicinas y todo aquello que creemos que la pueda sanar, esta va a tardar mucho en reponerse totalmente, mientras que si, por el contrario, atendemos la instrucción inicial y hacemos lo correcto para luego dedicarnos a ayudar a otros a aliviar sus dolores, cuando menos nos damos cuenta, nuestra herida se habrá convertido en cicatriz.

Y la cicatriz nos recuerda que allí hubo algo importante, con la salvedad de que ya no duele.

Era necesario dar el paso, el salto al vacío, cerrar los ojos y olvidar los miedos. Salir a mostrar lo que tanta gente necesitaba saber: que el duelo se puede vivir de manera diferente, y rediseñar la historia, romper mitos y paradigmas acerca de la muerte. Era darlo todo en la carrera para llegar de último, porque la recompensa de mi esfuerzo, sería la paz de quienes estaban sufriendo.

> **"***¡Vivir para servir, en lugar de vivir para ser servido!***

Si yo puedo, tú puedes

Al café de los sábados ya se habían sumado varias amigas valientes que, aceptando el reto, se convirtieron en compañeras y aliadas, ayudando, a través de su apoyo y compañía, a que no fuera reemplazada por mi historia.

Porque no *somos nuestra historia, somos los administradores de ella*, con la oportunidad de ser mejores por haberla vivido.

Cada uno será el héroe de la suya. Cada uno decide cómo contarla. Cada cuál decide cómo vivirla.

Y yo quería contar la mía desde el amor y no desde el dolor…

Largas horas de preparación, de estudio, de presupuestos, de compromisos hasta lograrlo. Esta vez los abrazos y las lágrimas eran de orgullo y satisfacción.

Entendiendo que la vida cobra sentido cuando se vive para los demás y no para el beneficio propio.

¡Vivir para servir, en lugar de vivir para ser servido!

Al saltar al vacío caí en un colchón de plumas… ¡Todo estaba bajo control!

La tarea no iba a ser fácil, pero de nuevo, ¿quién dijo que lo sería? Decirle al mundo que lo que consideramos insuperable, se puede superar. Desmitificar la muerte como la peor tragedia de la vida, para tomarla como una etapa natural de la misma.

> **El dolor hace parte de la escalera que nos lleva al próximo peldaño**

Ver que la vida a la que nos aferramos tanto, es solo un paso obligatorio pero transitorio. Entender que aquí es donde aprendemos a levantarnos luego de las caídas, donde nos entrenamos, donde el dolor hace parte de la escalera que nos lleva al próximo peldaño, porque necesitamos más de un empujón que nos ayude a vencer ese mal general llamado incredulidad, que nos aleja del camino y nos hace perder la ruta.

♫Señor, toma mi vida nueva, antes de que la espera desgaste años en mí/Llévame donde los hombres necesiten tus palabras/ necesiten mis ganas de vivir/ donde falte la alegría/ simplemente por no saber de Ti♫ Canción "Alma Misionera" – Autor: P. Enrique García Vélez

De nuevo, una canción haciendo de las suyas.

Sin una explicación lógica, seguí el camino, dejé de esconderme y decidí aceptar el llamado.

Fue así como un **9 de junio**, fecha en la que llegué a este mundo, y la misma cuando confirmé que estaba embarazada de Alejandra, arrancó el **Programa de apoyo en duelo, bajo la metodología *Yo pienso al r3v3s.***

> **No existe un logro inmediato que tenga un efecto perdurable**

Un nuevo inicio se gestaba en mi vida.

¿Yo? Esa niña insegura que no creía en la potencia de su voz; la misma que había preferido vivir en silencio, por no sentir que tuviera nada importante que decir, estaba ahora en una tarima, exponiendo lo más íntimo de su ser. Esa niña con el valor suficiente para mostrar su pensamiento, exponer sus ideas revolucionarias acerca de la muerte y el dolor. Aquella, a la que me costaba trabajo reconocer, era YO: nueva, decidida, valiente.

Es increíble cómo podemos llegar a distorsionar la imagen de nosotros mismos, bien sea porque nos vimos en un espejo sucio durante mucho tiempo o porque alguien nos hizo creer que éramos otros. Cuánta liberación saber que no somos lo que creemos ser, porque indudablemente, somos mejores que eso. Pasa tiempo mientras limpiamos el espejo, mientras tanto siguen las dudas alimentadas por un sinnúmero de eventos que las promueven.

Todo hace parte de un proceso. No existe un logro inmediato que tenga un efecto perdurable. Nada que valga la pena se logra de la noche a la mañana.

> ♫ ♫ *"Una vez hubo un concurso de semillas y allí estaba la más chica viendo a todas desfilar. Y le hacían esa broma medio tonta, ¡le decían que se pare y parada estaba ya!*
>
> *De seguro que sintió: ¡Una pulga como yo, jamás será capaz de lograr nada importante, ¡Qué de malas ser tan insignificante! ¡Cómo quisiera ser como pepa de aguacate…ella siempre segura y elegante!*
>
> *Y el jurado al mirar las concursantes, pasó a un lado de las grandes, y se fue a su lugar y le dijo: Semillita, tú ganaste el concurso para ser la figura principal de una historia que va a ser más famosa que Pelé. ¡Y así fue como la semilla de mostaza se volvió toda una estrella literaria!*
>
> *En su lógica perfecta inesperada ve que las empresas sobrehumanas, las hará con semillitas de mostaza".* ♫ ♫
>
> *Fragmento de la canción "Concurso de semillas".*
> *Autor: Santiago Benavides*

¡Pero si esa pulga era yo! Así me veía a mí misma. Jamás en mi vida había creído que fuera capaz de hacer algo importante. Ese era mi espejo.

Qué sucio estaba…

Al empezar a limpiarlo, no solo se esclarecía la visión de mí misma, sino que todos mis sentidos también se agudizaban para ver el corazón de las personas adoloridas, escuchar las palabras desde la emoción, sentir los pasos cansados y oler el llanto represado en la garganta para aprender a contar la cantidad de vidas que podemos vivir en una misma existencia.

Las vidas de mi existencia

Mi primera vida, perfecta, fue en el vientre de mi madre, donde grabé parte importante de cómo vivir las siguientes. Luego, mis vidas de infancia y la de mi corta adolescencia, para pasar a la vida de familia, junto a Fabián y nuestros hijos.

Cuando esa vida terminó, pensé que era el momento de morir y que se habían acabado las vidas, pero no fue así. Para mi sorpresa, seguía viva… Solo había terminado una y continuaba otra que ni siquiera podía imaginar; una que, increíblemente, iniciaba en medio del dolor más grande que un ser humano puede sentir.

En esta nueva vida encontré un amor inimaginable al lado de Oscar, con quien contraje matrimonio el 11 de septiembre de 2016. Un nuevo propósito, una nueva ilusión y, sobre todo, una nueva manera de pensar, cerrando una vida, para abrir la otra.

Aquí, donde la puerta de atrás es más importante que la puerta principal, pues al ser más pequeña, casi invisible, oxidada algunas veces, es por donde se ve mejor la realidad. Esa puerta de atrás, poco protagonista, es por donde he podido procesar mis vidas anteriores, sanar heridas y encontrar perdón.

En ese lado que muchas veces está oscuro y asusta, me pude encontrar conmigo misma. Saber quién soy y las veces que me he distraído en el camino, perdiéndome de la realidad, dejándome llevar por quien creía ser o, peor aún, por quien los demás creían que yo era: una niña insegura, con poca autoestima, que se sentía incapaz de lograr cosas importantes.

Una niña con mucho temor de hablar y expresar sus ideas, por miedo a ser evaluada, juzgada y, por supuesto, descalificada. Esa misma niña que hoy ha encontrado su camino; una pequeña que evitaba cualquier discusión, hoy sustenta y evidencia a diario una nueva forma de vivir, en medio de un caos donde lo bueno parece malo y lo malo parece bueno, encontrando las huellas que han quedado en el camino para regresar a lo básico, a lo valioso, al amor.

Descubrir quién soy, gracias a lo que he vivido, a lo que he aprendido y también a lo que he sufrido, me ha llevado a identificar las huellas invisibles de mi incansable compañero de camino, que, en más de una oportunidad, ha tenido que cargarme al ver agotadas mis fuerzas.

Tal vez sea necesario sentirnos agotados para dejarnos llevar.

Sin oponer resistencia.

CAPÍTULO 8
EL TIEMPO, EL AMOR Y LA MUERTE...

Como si alguien pudiera detenerlos

20 de septiembre de 2017

Receso de cinco minutos, exclamó el juez.

Sentía mi cuerpo entumido por el cansancio de llevar todo el día en aquel frío lugar, viendo cómo se atrevían a juzgar mi vida, mi rol como madre, mis decisiones, mis argumentos. En la guerra todos perdemos, aunque por momentos lleguemos a sentirnos victoriosos.

Aproveché para ir al baño, un poco de agua en la cara seguro me vendría bien y, de paso, desocupar mi vejiga junto con las lágrimas reprimidas en mi garganta. Pero algo salió mal, muy mal. Mis emociones, al parecer, también se habían desahogado, y ahora el pantalón que llevaba puesto, estaba mojado.

¿Qué pasó?, alcancé a preguntarme a mí misma, mientras en ese mismo instante me di cuenta de que había olvidado retirarlo al entrar. Desconsolada, lloré al ver hasta dónde estaba siendo afectada. Esto ya lo consideraba demasiado, debía centrar mi pensamiento y controlar mis emociones, antes de que ellas me siguieran controlando a mí.

Es que dejar sueltas a esas intrusas, es peligroso. Fueron engendradas al mismo tiempo que nosotros; las minimizamos o maximizamos, de acuerdo con la situación. Son amigas o enemigas, dependiendo de la batalla del momento, pero no podemos darles el poder de comandar nuestra vida.

> **"***Las palabras hacen daño, pero yo creo que es peor el silencio***

Y al parecer eso era lo que yo había hecho hasta el momento.
Nadie pareció percatarse, finalmente en la guerra todos somos invisibles; lo único que importa es confundir, atacar, desvirtuar. La batalla por el resultado se convierte en un todo, mientras que las personas perdemos importancia.

Y pensar que todo esto se habría podido evitar con un simple gesto, con una mirada compasiva o con la frase que llevamos esperando por años. Un "lo siento" habría cambiado el curso de todo; no estaríamos allí sentados exponiendo los recuerdos que pasan una y otra vez por mi mente, como una película de terror.

Cómo puede el hombre ser tan arrogante, que hasta mirar a los ojos se le convierte en un reto inalcanzable. Esperar en cada audiencia lo que nunca llegó por parte del médico que desatendió a nuestra hija y causó su muerte, ha sido la espera más grande que Fabián y yo hemos enfrentado.

Ahora pienso cuántas luchas se pierden por falta de humildad. Cuántos matrimonios destruidos, cuántas familias abandonadas, cantidad de amistades rotas, carreras infructuosas.

Siempre hemos pensado que las palabras hacen daño, pero yo creo que es peor el silencio.

Este juicio empezó tan solo unos días después de que Alejandra muriera, en junio de 2012, y todavía en 2020 el proceso no termina; aun después de haber escuchado varias veces la sentencia condenatoria reforzada con la palabra "culpable".

> "Es por ello que se debe exaltar, desde ya, el rol que los profesionales de la salud tienen en nuestra sociedad, el que debe ser reconocido por ellos mismos, pero se trata solo de realizar una actividad económica laboral, toda vez que jurídicamente se asume una posición de garante respecto de sus pacientes, por lo que deben procurar que esa labor se cumpla de la manera más idónea y eficaz posible, en especial cuando se trata de personas con protección constitucional especial, alejando de su función social todo aquello diferente que pudiera trasladarlo incluso a limitarlo en un simple negocio"-. *Bogotá D.C. Veinte (20) de septiembre de dos mil diecisiete (2017). Juzgado Veinte Penal del Circuito con Funciones de Conocimiento*

¡Ganamos! dijo el abogado abrazándonos fuertemente, después de escuchar la sentencia del Juez Penal del Circuito de Bogotá. Llevábamos siete años esperando este día, o eso creímos, pero fue tan solo un instante de alegría. ¿Y qué ganamos? Me replanteé segundos después. Aquí TODOS perdemos.

Alejandra perdió su vida y la de Mateo se fue con ella; sigo creyendo que murió de amor, pues su cáncer se desarrolló en el mediastino, un órgano poco nombrado que contiene al corazón.

Fabián perdía la alegría de vivir, mientras yo lloraba por la pérdida del pasado, del presente y del futuro.

El pasado que añoraba al lado de mis hijos, un pasado perfecto, con aciertos y desaciertos, pero perfecto; el presente, viendo mi vida entre fríos, insensibles y aterrorizantes juzgados, y el futuro, que se esfumaba con sus sueños.

No sería abuela; no vestiría el traje verde que tenía en mente para llevar a mi hijo con el pecho hinchado de orgullo y tomándolo del brazo, mientras caminábamos hacia el altar el día de su boda. Ya no haría galletas para almacenarlas en latas, esperando que mis nietos asaltaran la alacena, mientras yo dormía mi felicidad.

No conocería París de la mano de Alejandra, estudiante orgullosa de "La Sorbona".

Es probable que algunos de estos sueños no se cumplieran, pero... todos tenemos derecho a soñar y duele cuando son arrebatados.

Volví a preguntarme: ¿qué ganamos?

Con el tiempo se llegan a reconocer las ganancias que trae una pérdida. Unas veces más escondidas que otras, pero siempre presentes cuando se activan los ojos del amor.

Ganaba el país; ganaban los niños, las familias. Porque la justicia tiene sentido cuando logra crear conciencia que genere cambios.

Algunos hospitales ajustaron sus protocolos de atención en el servicio de urgencias. Estoy segura de que algunos médicos replantearon la pasión con la que pisaron por primera vez las aulas de la facultad de medicina y reforzaron las bases del juramento hipocrático, con las que soñaron convertirse en salvadores de la humanidad. Los padres también ganaron, al lograr que su voz se tenga en cuenta como un argumento válido al momento de consultar, sin subestimar el conocimiento que tienen sobre sus propios hijos.

Con lágrimas revueltas entre la gratitud y el dolor, he recibido varios mensajes de madres en los que me cuentan que han llevado a sus hijos a tiempo al hospital, logrando salvar sus vidas al haber reconocido su historia en la mía.

Un año más tarde escuchamos de nuevo la sentencia "culpable por negligencia médica", cuando después del proceso de apelación por parte de la defensa del médico, ahora era el Tribunal Superior de Bogotá, quién confirmaba por unanimidad el fallo anterior.

❝Cuántas palabras caben en un abrazo

En este momento se mezclaban el tiempo, la muerte y el amor; ninguno negociable, todos incorruptibles.

Mientras a todo esto se le ha tratado de dar justificación, hemos visto cómo la piel se ha marchitado, y el caminar se ha vuelto más lento y pesado.

Cuántas cosas pueden caber en el tiempo; ya ni Mateo, ni mi Papucho, ni mi hermana Jacquie están tampoco en esta vida. No hay tregua. Y pensar que en ese mismo tiempo también ha entrado el amor, trayendo reconstrucción al desastre. Es el balance que trae la vida.

Pretendiendo ser espectadora, entiendo que soy protagonista y logro identificar mi dolor, expuesto sin censura, con la herida sangrando.

9 diciembre de 2019

Nos conectó una mirada al finalizar la audiencia. Me estrechó la mano con fuerza y pude ver en sus ojos un brillo que no había identificado antes. No era propiamente el pediatra que atendió a mi hija, pero era su jefe, que mostraba ante mí su humanidad.

-Quisiera darle un abrazo, me dijo con lágrimas en sus ojos.

Fue un abrazo reparador. Cuántas palabras puede traer un abrazo, cuánto sentimiento que cada quien interpreta según su necesidad, haciéndolo perfecto.

Un abrazo sin explicaciones, simplemente la conexión del alma.

No me había dado cuenta antes de cuán rota estaba, mis entrañas reclamaron su existencia. Necesitaba saber que a ellos también les dolía la muerte de mi hija, que Alejandra también había impactado sus vidas. Era importante entender que ellos tampoco la olvidarían, y que su nombre quedaría grabado en su institución y en sus corazones, con el sello del recuerdo que viene con el amor.
Tiempo después, la Juez 24 Civil del Circuito de Bogotá, en la siguiente audiencia, volvía a reconfirmar la sentencia: "culpable", pero una nueva apelación sigue alargando el proceso.

Me siento corriendo en círculos, con mucho desgaste y sin avanzar nada.

Es increíble. A pesar de que el final de este tortuoso capítulo esté cerca, tengo miedo de que termine, ya que es el único lazo terrenal que me queda con mi hija y la única lucha que puedo luchar por ella.

Después de no tenerla, me aterra perder cualquier hilo que me una a ella. En este caso, es el juicio, pero funciona igual si se daña o se pierde alguna de sus pertenencias, como fotos, cámara, celular, la *Tablet*, o tan simple como si se mancha el saco que se ponía. El dolor regresa intacto, hasta que me doy cuenta de que no vale la pena generar apegos a sus cosas materiales, pues si ella ya no las necesita, yo tampoco.

Cuánto habría dado por poder cambiar mi vida por la de mis hijos. Intenté hacer el trato, pero claramente no fue aceptado.

Cómo me habría gustado que ellos aprendieran de mis errores, pero eso tampoco fue posible.

Me habría hecho feliz tomar sus miedos y sus dolores, pero no es permitido, finalmente...

La vida es **ÚNICA, pues solo tenemos UNA.**

PERSONAL, porque cada quien DEBE VIVIRLA de manera propia.

E INTRANSFERIBLE, porque nadie puede vivir por OTRO.

Cada uno debe librar sus propias batallas.

CAPÍTULO 9
JACQUIE

Haré lo que me digas, pero no me pidas que luche

De la puerta de mi casa cuelga una campana. De hecho, no es precisamente una campana, es más bien un cencerro, ese instrumento que sirve para encontrar reses perdidas. Suena muy duro, pero es mucho más que ruido lo que yo escucho.

Es un sonido ronco y fuerte que me recuerda que no estoy sola; el que me avisa que alguien me encontró cuando estaba perdida o, tal vez, que encontré a alguien en mi laberinto. Es así como se oye la existencia. Es el sonido del amor. Cuando grita mi campana, grita la vida y yo sonrío, porque ahí estas TÚ.

Y así como vienen las bienvenidas, también llegan las despedidas. Una vez más, el ciclo de la vida que no puede detenerse en su movimiento.

Despedidas que dejan huella, que acarician los recuerdos y hacen llorar el alma.

21 de diciembre de 2016

-No puedo almorzar contigo, porque me acaban de llamar del consultorio donde me hicieron el TAC esta mañana y me piden, de manera urgente, que vaya a un hospital porque mis pulmones están llenos de agua.

Debe ser un error de procedimiento o, tal vez, que la máquina esté averiada y haya arrojado un resultado equivocado.

En el fondo sabía que esto no era muy probable, pero quería creer que pudiera serlo.

Y así empezó esa nueva etapa. Efectivamente, los pulmones de mi amada hermana estaban llenos de líquido.

Decidimos no especular al respecto, mientras esperábamos atentas los resultados. Debían hacer un drenaje, por lo que la dejaron hospitalizada. La fecha nos recordó la Navidad de 1992, cuando estábamos con nuestra madre en la misma situación. La tranquilidad de Jacquie era contagiosa; sin preguntas, sin lágrimas, sin angustia. Solo con la satisfacción del deber cumplido. El silencio volvía a tomar la palabra.

> **"**No lloramos por un instante, sino por todos los eventos acumulados

Navidad. La Navidad está donde tú quieras estar. Así que ese día decidimos celebrar todos en el hospital; comida, vino, árbol y regalos. ¡Qué buen recuerdo! Se nos había olvidado el sentido real de esa hermosa fiesta.

No éramos lo únicos que celebrábamos allí el momento, toda una familia de tres generaciones entonaba canciones por los pasillos. Parecían ángeles recordando que hasta en la muerte están presentes. El amor reflejado en sus voces y en sus sonrisas, nos obligaba a evadir la tristeza. No solo por estar allí, sino también por haber olvidado que, en últimas, la finalidad de vivir es morir. Al parecer, solo Jacquie parecía recordarlo.

-Haré todo lo que me digas, pero no me pidas que luche.

Fue la conversación más profunda que tuvimos después de confirmar la palabra que nadie quería escuchar: *cáncer*, esa cruel enfermedad que de nuevo atacaba a mi familia.

Indudablemente, mi hijo Mateo nos había enseñado sobre realidades y entereza. De nuevo retumbaba en mi mente la súplica de **POR FAVOR, NO MÁS...BASTA YA.**

Ella ya había sobrevivido al cáncer quince años atrás, pero era consciente de que esa posibilidad, en el presente, era un espejismo.

Mi hermana, mi amiga, mi compañera, se iba. Y yo era la encargada de darle soporte, recordando de nuevo que la muerte es solo la puerta de entrada.

Cada vez son más las personas que amo que están allá, lo que me lleva a concluir que este corto espacio de tiempo es solo el recreo de la vida, donde tal y como pasa en la etapa escolar, es donde se viven las mayores aventuras, con sus desafíos. La verdadera vida, la interminable, la valiosa, la real, se encuentra al abrir ese majestuoso umbral, cuando suena la campana y termina el recreo.

Mientras tanto, los de este lado, mi hermano y yo, abrazados, unidos en la incertidumbre, agradecidos de estar juntos, recordando lo grande que es nuestra pequeñísima familia.

Solo treinta días después, aquel 21 de enero de 2017, un nuevo "hasta pronto" salía de mi alma. Sin embargo, solo un año y medio, más adelante, pude llorarla sin reparos. Tantos golpes seguidos me habían dejado sin respiración y, para llorar, se necesita respirar. El dolor había agotado mi energía, dejándome inmovilizada, quieta, sin ganas de nada, hasta que pude llorar por mi vida sin ella.

Es que ya conozco ese sentimiento. No lloramos porque se fueron, sino porque nos quedamos sin ellos.

No lloramos por un instante, sino por todos los eventos acumulados...

Lloramos cuando nos sentimos perdidos y asustados por no encontrar el camino que nos devuelva a la realidad.

El llanto aturde cuando nos damos cuenta de que hace mucho tiempo dejamos de conocernos, nuestro ser se ha diluido con el de los que se fueron y llegan esas aterradoras preguntas.

¿Y ahora, qué hago? ¿Qué me gusta? ¿Qué o quién quiero ser yo? ¿Cómo quiero vivir?

Cuando logramos darnos cuenta de que somos imprescindibles en nuestra vida, es cuando tomamos la responsabilidad del futuro. En definitiva, cuando entendemos que somos aquel adulto responsable que por mucho tiempo esperamos que viniera a rescatarnos de nuestro refugio, es cuando podemos avanzar con determinación. Jacquie pensaba que la vida no había sido linda con ella. Aunque yo nunca lo vi de esa manera, ella sí y, finalmente, no es como haya sido, sino como cada quien lo asuma. Eso es lo que marca la diferencia. No es lo que pasa, sino la interpretación que le damos.

> **"***Pretendemos dejar los recuerdos a un lado mientras vivimos, en lugar de hacer que nos acompañen a vivir mientras morimos*

Imposible olvidar que mi hermana, aún con su dolor a cuestas, se encargó de acompañar el mío, ofreciendo su pasión y dedicación por el arte, para aliviar mi soledad. Me enseñó a pintar lagartijas de madera, utilizando una técnica australiana de un gran colorido, que a ella le quedaba hermosa, mientras que a mí me enseñaba que la tristeza se combate ocupándose en algo.

De ahora en adelante, en cada Navidad, los ausentes se harán presentes. Porque el olvido es muy doloroso.

Quiero que sus nombres estén en el pesebre, en el árbol y en cada guirnalda que cuelgue de mi imaginación. Porque solo así estarán conmigo.

Las fechas especiales se nos hacen extremadamente difíciles, precisamente porque no los mencionamos, porque pretendemos dejarlos a un lado mientras vivimos, en lugar de hacer que nos acompañen a vivir mientras morimos.

Jugaré a los regalos ocultos, imaginaré la carita de Nicolás y le pondré color a su rostro; me reiré de la rabia que le hacíamos pasar a Alejandra, haciéndole creer que no tendría el regalo pedido. Imitaré la forma de caminar de Mateo; cantaré en voz alta la canción que mi mamá cantaba… tendré cerca el cuaderno empastado que me dio mi papá con nuestra foto el último año; adornaré mi casa con las bellezas que hacía Jacquie y hasta Lupita, esa perrita *Schnauzer* que con tanta alegría acompañó nuestras vidas, ladrará en la voz del perro del vecino. Así haré que los ausentes estén presentes, y Oscar y yo tendremos la casa llena como nos gusta.

***

Las pinturas desordenadas en la mesa de la cocina fueron mis grandes compañeras de soledad; infinitas noches sin dormir al lado de ellas, largas conversaciones con mi conciencia, mientras elegía si el verde y el azul se llevaban bien, sin oponerme al misterio que representaba el resultado final, como el mismo misterio de vivir o morir. Aprender, entonces, a dejar de formular preguntas que jamás tendrían respuesta.

Así como la creación que nos sostiene, como el cielo y el mar, o la infinidad de verdes mezclados con los bellos tonos de azul, son el más grande misterio que no podrá ser respondido en su totalidad, la naturaleza nos muestra la sabiduría que requerimos para entender que después de una tormenta llega la calma; que la noche siempre termina, que en un mismo día se pueden mezclar el viento, el sol, la lluvia, la sombra y la claridad. Esa gran maestra que es capaz de enseñarnos, con amor, la majestuosidad de vivir en la incertidumbre.

Fue sentada allí en la misma mesa de la cocina donde pintaba lagartijas, cuando hice contacto vía Internet con Oscar; ese mismo personaje que hoy me saluda con un cencerro escandaloso cada vez que abre mi puerta.

Nos reencontramos después de más de treinta años, pues nos habíamos conocido cuando yo tenía quince, pero era necesario que pasara el tiempo para que después de haber vivido lo suficiente, pudiéramos valorar la paz de una mirada o el infinito misterio del amor.

CAPÍTULO 10
EL AMOR...

por encima del dolor

Como una súplica antes de cerrar mis ojos, aquella noche le pedí a Dios que me dejara verlos.

-Abre una ventanita del cielo y déjame ver a mis hijos.

Esa noche, en su inmensa misericordia, Dios cumplió mi deseo.

Allí estaban Mateo y Alejandra. No supe por qué no estaba Nicolás, pero lo cierto es que no los vi de la manera como yo esperaba.

Alejandra, mi Aleja, se apoyaba en muletas, pues su pierna derecha había sido amputada…

En ese lenguaje que no tiene idioma, pude comprender, en la mismísima voz de Dios, el mensaje:
La enfermedad que desarrollaría Alejandra sería devastadora para ella y todos sufrirían demasiado; es por eso que preferí traerla. Aquí te la tengo a salvo. Aquí te espera.

- ¿Y Mateo? pregunté inmediatamente.

Alcancé a verlo detrás de una reja y pude entender.

-Mateo tenía un corazón puro, bondadoso, generoso, ese corazón me pertenecía, pero su ambición por el dinero lo iba a dañar, y no podía permitir eso. Aquí YO lo tengo protegido.

Al despertar de lo que entiendo como mucho más que un sueño, lo único que pudo salir de mi boca fue la palabra **GRACIAS**.

Más rápido que cualquier rayo de luz, comprendí que mi misión aquí no había terminado; que debía concentrarme en lo importante, mientras llegaba el momento del reencuentro. Mis hijos ahora dejarían de ser mi pre-ocupación, para o-cuparme de mí.

De inmediato llamé a Fabián a contarle y casi que a ordenarle que cambiara las lágrimas por la palabra *gracias*.

Por mucho tiempo tuve esta historia guardada, tal vez una vez más por caer presa de ese fastidioso sentimiento que atrasa el camino: la vergüenza. Hasta que sentí que era una buena manera de explicar lo que nos hace falta entender: que el amor de Dios siempre estará por encima del dolor, por insoportable que este nos parezca.

CAPÍTULO 11
EL DÍA DE LUJO

*Las palabras salen del corazón
o de la mente, no de la boca*

No porque haya aprendido a vivir incompleta o porque haya logrado reconocer la muerte como una etapa más de la vida, significa que no tenga días aterradores, donde todo se oscurece y el miedo invade el espectro. A esos días los llamo *el día de lujo*.

En ese grandioso día no quiero comer, ni hablar, siento rendirme y quiero esperar a que todo acabe de una buena vez. Es cuando nada tiene sentido y cuestiono todo lo que existe a mi alrededor; el día en que mi mente se confunde con el sentimiento y las palabras son imposibles de expresar; cuando grito, muchas veces en silencio, por sentir miedo o culpa o vergüenza o envidia; cuando lloro, no por un evento en especial, sino por todos los que se han acumulado en mi vida. Realmente, es todo *un día de lujo*.

Lo llamo así porque aprendí que esos días también son valiosos, ya que nos permiten expresarnos, entendernos y reconocernos. Como todo lo que compone la existencia, son importantes; no me asustan porque son temporales, pues si los lujos fueran de todos los días, pasarían a ser rutina, lo que me hace sonreír, sabiendo que mañana será diferente, así me permito vivirlos de manera plena y sin barreras.

¡Me quiero morir! Es una de las expresiones que más escuchamos en medio del dolor.

Personalmente, me sentía mal por expresarlo, al creer que minimizaba el valor de las personas que estaban a mi lado; me aterraba acercarme a Dios sin apreciar la vida que Él me había dado con un propósito de alegría, amor y felicidad; me sentía traicionando el amor que recibía de los demás.

Después de vivirlo puedo decir que, en esos momentos, la voz que habla es la voz del corazón, no de la razón. Es la frase creada para explicar, de la mejor manera, cómo se siente vivir sin la persona que amamos, de manera visible. Y cuando la razón no entiende, la emoción lo apropia. Pero estamos diseñados para la vida, no para la muerte, pues lo que llamamos "muerte" no es sino la vida misma, en otra dimensión.

En dos ocasiones he podido estar cerca de ese evento. La primera, después de un "día de lujo" donde la emoción había proferido palabras de todo tipo. Iba distraída y pasé la calle sin mirar. Lo siguiente fue un salto instintivo hacia atrás, cuando una bocina casi rompe mi tímpano.

- ¿No que te querías morir? Preguntó la voz de la razón. - No. ¡Definitivamente no! No me quiero morir, lo que pasa es que no sé cómo vivir... pero estoy aprendiendo.

La segunda vez fue cuando, en medio de un paseo, iba yo conduciendo y de manera imprudente adelanté un vehículo en curva. Había dos opciones: chocar de frente o arrollar la moto que había tomado mi lugar en el carril derecho. Claramente ninguna era elegible, ninguna era válida. En ese instante que dura menos de una milésima de segundo, pensé que había llegado mi momento. Lo difícil era que mi irresponsabilidad estaba poniendo en riesgo a otras personas, incluyendo a mi esposo y a una amiga, que viajaban conmigo.

Mi instinto reaccionó y de alguna manera, que todavía no entiendo, pude regresar al carril inicial. El vehículo que venía de frente alcanzó a pasar y la moto quedó detrás de mí. Uno de esos milagros que, sin pedirlos, llegan. Protecciones invisibles y la certeza de que no quieres morir. Escuchar de nuevo la voz adolorida del corazón que no se ha sabido expresar.

Ahora, cada vez que ESCUCHO a alguien, me aseguro de entender de dónde vienen sus palabras. Si es la razón la que habla o la emoción que balbucea, para poder entablar un diálogo sincero y sin distracciones.

Volví a apreciar el miedo. Ese miedo del que tanto me ufanaba, por haberlo creído erradicado de mi vida, al decir que había perdido "el miedo a perder", hasta el día en el que me sorprendí a mí misma revisando la respiración de mi esposo mientras dormía, y ahí me di cuenta de que tengo mucho por amar, vivir y disfrutar.

Es allí cuando ese sentimiento se convierte en un buen aliado. El miedo me ha impulsado a estar bien, a no dejar de vivir estando viva, sabiendo que lo que importa no es el tiempo que me resta, sino cómo lo viva.

Las falsas lealtades, que adoptamos inconscientemente, impiden el proceso. Llegamos a pensar que vivir plenamente sería traicionar a los que partieron; si reímos en lugar de llorar, lo identificamos como falta de amor; disfrutar el día a día, lo entendemos como un despropósito.

Pero me pregunto, ¿y si fuera yo la persona que partiera primero, qué le diría a los que se quedan?

Con toda certeza sé que mi instrucción habría sido que vivieran a plenitud, felices, que buscaran el amor hasta encontrarlo, que me recordaran con una sonrisa, y con la seguridad de verme celebrando cada uno de sus éxitos y triunfos. Jamás les diría que murieran conmigo.

Entonces ¿por qué no hacer que estas plegarias funcionen en doble vía?

A mi esposo

Cuando yo me muera,
llora fuerte y duro.
Siente mi ausencia y grita por nuestra separación.
Cuando yo me muera, abraza mi recuerdo y siente mi respiración.
Búscame en tu mirada y permite que las lágrimas humedezcan tu mejilla.

Cuando yo me muera, cuéntale a todos cuánto me has querido, habla de mí, ríete de mis errores y ponte malgeniado por no haberte dejado mis secretos.

Cuando yo me muera, imita mi risa y mi forma de caminar. Recuerda mis besos y cada una de las veces que dije te amo.
Después de cumplir mi deseo, levántate y camina erguido, con la cabeza en alto.

Con el orgullo de llevarme en tu bolsillo,
Y con la plena certeza de que seguiré siendo cómplice de todos tus proyectos...

Incluyendo el de volver a vivir en plenitud.

Algún sabio amigo dijo un día: "Si ves la vida como un problema, pasarás toda la vida resolviendo problemas; si la ves como una aventura, disfrutarás cada tramo, por difícil que sea."

Así que yo prefiero ver la vida como esa aventura por vivir y no como un problema por resolver, sabiendo que soy la heroína de mi propia historia, que yo misma dirijo esta película y que, aunque no conozca los desenlaces, puedo hacer lo mejor antes de que se escriba la palabra... FIN.

Ser un héroe es construir el día a día, viendo la realidad desde adentro y no desde afuera, como nos han enseñado a hacerlo. Es aprender a reconocer lo que sentimos, pensamos, hacemos y creemos, y tener el valor de ponerlo en perspectiva para evaluarnos sin filtro, sin justificaciones que avalen nuestro comportamiento. Revisar las heridas del pasado que nos impiden avanzar, y rediseñar la manera de pensar, para impactar nuestra manera de sentir y de actuar.

Al reconocer que no somos tan dueños de nosotros mismos como creemos, nos convencemos de soltar el control, con la esperanza y la certeza de que será manejado mejor de lo que nosotros mismos habríamos podido hacer.
***

Un regalo que dure toda la vida

-Mami, mami tráeme un regalo que dure toda la vida, decía su vocecita todos los días a las 4:00 p.m. en punto, cuando llegaba del colegio.

Alejandra se refería a que le llevara algo que no fuera perecedero, que lo pudiera disfrutar por largo tiempo, que no se acabara después de la emoción de recibirlo. Un regalo para toda la vida.

Pocas cosas duran para toda la vida. Sin embargo, hacía yo mi mejor esfuerzo, buscando cada día llevarle algo que durara más de lo esperado; un esfero de color, un adorno para el pelo, una pulserita, algún *sticker* de moda, una libretica, un cuaderno, lo que fuera que la hiciera feliz.

Siempre su petición era la misma, y el "regalo que dure toda la vida" quedó para siempre en mi pensamiento, hasta llegar a entender que lo que realmente puede durar toda la vida es … la vida misma. Aquí o allá, la vida nunca dejará de ser vida, de lo contrario perdería su esencia.

Sin saberlo, había contribuido a que mi hija tuviera ese precioso regalo, que jamás perdería. Así en este momento no la pueda oler ni ver, tengo la seguridad de que su vida sigue de una manera que solo lograré descifrar cuando acabe el misterio.

CAPÍTULO 12
LA FINCA

*Ya sé dónde, cómo y con quién
están mis hijos,
y nada podría ser mejor para ellos*

En medio del llanto y del dolor inexplicable, Fabián mirándome a los ojos me dijo una vez:

-¿Recuerdas cuando nuestros hijos eran pequeños y salían a vacaciones?

Realmente era una tragedia; no los podíamos dejar solos en casa, pero tampoco los podíamos llevar al trabajo. Se aburrían sin hacer nada y el dinero no alcanzaba para cursos vacacionales. Auxilioooooo. ¡Los niños están en vacaciones!

En algún momento llamaba el hermano de Fabián y decía: "Alisten a los niños que me los llevo para la finca." Llenaba su camioneta con los chiquitos y arrancaba.

Lo que no sabía él es que la maleta ya estaba preparada desde hacía días, esperando aquella llamada...

Como era cerca a Bogotá, íbamos los fines de semana a verlos. Si nos veían llegar, lo máximo que podíamos esperar es que desde lejos nos saludaran levantando la mano, mientras decían con alegría: *¡Hola má! ¡Hola pá!*

Estaban felices, acompañados, cuidados, alimentados, protegidos y, lo mejor de todo, era que no nos habían extrañado.
Simplemente disfrutaban el paseo sabiendo que en cualquier momento llegaríamos.

Fabián, secándose las lágrimas, dijo: "En este momento ellos están felices, acompañados, cuidados y protegidos, como cuando estaban en la finca. Y lo mejor, recuerda, es que no nos extrañan, simplemente, saben que algún día llegaremos y volveremos a estar juntos".

La tranquilidad de entenderlo de esta manera nos permite contestar tres preguntas que antes no teníamos resueltas: *Dónde, cómo y con quién están nuestros hijos,* y concluir que nada podría estar mejor para ellos.

CAPÍTULO 13
¿Y SI EL MILAGRO SOY YO?

*Dejemos de buscar afuera aquello que
llevamos dentro*

Si pudiera retroceder el tiempo, le diría a Alejandra que Dios siempre nos escucha, así la respuesta no llegue de la manera en la que queremos o se manifieste en forma de silencio.

A mi hija le contaría acerca de los hilos que han conducido nuestras vidas y de los milagros de los que no fui consciente en ese momento; como cuando antes de que ella naciera, la vida de su hermano había sido prolongada.

Vivíamos en un apartamento en un sexto piso. Mateo era muy inquieto y, por alguna razón, le pareció gracioso salir por la ventana del estudio para entrar por la de la cocina —estoy hablando de una distancia de por lo menos cinco metros sobre el vacío, con un niño de cuatro años creyéndose Superman—. Eudosia, una mujer maravillosa que cuidaba de él mientras trabajábamos, se preocupó al percibir un inusual silencio en casa. Cuando pudo verlo, ya Mateo estaba caminando apoyado en el borde exterior de la ventana.

Tuvo que ser un ángel quien le tapara la boca a aquella mujer para no seguir el instinto natural de gritar ante tal visión, y otro ángel guardián, quien sostuviera a Mateo para que no cayera al vacío.

Una protección divina que no agradecimos lo suficiente en aquel momento...

Un evento que permitió que Mateo viviera casi por veinte años más.

A Aleja también le haría recordar cuando, estando en un saltarín con sus primos, saltó muy alto cayendo con todo el peso de su cuerpo sobre su cuello. Los que estábamos presentes nos aterramos imaginando lo peor, mientras que ella se levantaba solo con el susto natural de haberse golpeado.

También podría mencionarle aquella mañana cuando sentí que mi vida corría peligro al ir caminando por un sitio desolado y peligroso, llamando la atención de los malhechores. Fui perseguida por una cuadra entera por uno de ellos, quien, cuando invoqué la protección Divina, me miró fijamente a los ojos y retrocedió dándome espacio para huir de allí.

¿Cuántas veces hemos sido capaces de reconocer los milagros que ocurren en nuestra vida, sin siquiera haberlos pedido? ¿Cuántas otras hemos sido protegidos de alguna relación inapropiada o de una adicción?

Nos acostumbramos a ver únicamente lo que queremos ver, a pedir solo lo que queremos recibir, pero no nos gusta recibir lo que no queremos tener, así aquello corresponda a la categoría de milagro. Lo que dificulta ver los milagros inesperados.

También le diría que ese día cuando no supe qué decir ante sus palabras: "Mamá, Dios no me escuchó", que Dios siempre escucha, aunque la respuesta no nos guste.

Probablemente ella sabe ahora mejor eso que yo.

CAPÍTULO 14
LA INVITACIÓN FINAL

La cita a la que no podemos faltar

La necesidad innata de adaptación al cambio, es la fuerza que nos mueve hacia adelante. Jamás pensé que fuera capaz de vivir sin mis hijos; era como intentar vivir sin la vida misma, pero no era la primera vez que lo lograba.

Alguna vez viví en un espacio muy pequeño que en su momento era todo lo que necesitaba; allí no había oxígeno para respirar, solo agua. La iluminación en ese lugar no tenía nada que ver con la luz del día o la oscuridad de la noche.

Mis necesidades estaban plenamente cubiertas, sin tener siquiera que pensar en cuáles eran. Los sonidos de mi propio cuerpo me arrullaban ¡Era feliz allí! Sin entender cómo ni por qué, un día cualquiera me dijeron que era hora de salir; lo único que había era la promesa de que todo iba a estar bien, diferente pero bien.

No tuve otra opción más que confiar y, a pesar de mi voluntad, NACÍ.

Y un día cualquiera, sin entender por qué, seré invitada a avanzar con la única promesa de que todo estará bien, diferente pero bien.

Y ese día, a pesar de mi voluntad...

MORIRÉ.

EL GRILLO Y LA MARIPOSA
– *El misterio de su presencia*

Nos miramos fijamente.

Eran las tres de la madrugada y sus ojos saltones resaltaban en la oscuridad.

El tiempo se detuvo por un instante y nos reconocimos en el silencio; el mismo que quedaría guardado en el corazón por siempre. Jamás había visto un animal parecido a este, tan verde, tan brillante y, en su especie, tan grande e imponente.

Al día siguiente pregunté si era común verlos en esa zona. La señora que atendía la finca, esa misma finca donde mis hijos pasaban vacaciones, me contó que en el tiempo que ella llevaba trabajando allí, jamás había visto un GRILLO igual al que estuvo rondando la entrada de la casa, desde las tres de la tarde del día anterior. Justo la hora en que habíamos despedido el cuerpo de Alejandra en el cementerio.

Yo había decidido no dormir en casa; quería aislarme una vez más, estar sola con mi incontrolable dolor. Mateo y mi papá viajaron conmigo, no querían que pasara allí sola mi cumpleaños que sería tres días más tarde.

No podía ser casualidad, pero nadie me entendería si lo expresaba.

Los grillos siguieron siendo parte de mi vida y de mis recuerdos, en cada viaje, en cada momento difícil es común encontrarlos cerca. Jamás como el primero, pero con el mismo sentimiento de compañía, amor y solidaridad que reflejan.

Una vez fallecido Mateo, un día de madrugada sentí una mariposa aleteando cerca a la ventana; le pedí a Oscar que la buscara, pero no la encontró. A la madrugada siguiente, se volvió a repetir el evento; de nuevo mi esposo no la encontró.

Al día siguiente, al salir a trabajar, como todas las mañanas, al abrir la puerta, justo al lado del ascensor, estaba allí descansando, con sus majestuosas alas cafés que parecían mirarme con sus manchas en forma de ojos. No me asusté; por el contrario, me alegré de verla allí esperándome para acompañarme a iniciar el día.

En mi mente o en mi imaginación sentí la presencia de Mateo, y sin decir nada en voz alta, por temor a no ser comprendida, le pregunté: Mate, ¿por qué una mariposa negra? Como solemos llamar a estas hermosas incomprendidas, que eventualmente están llenas de mitos y generan diferentes tipos de sentimientos en las personas.

Así pasó la semana cargada del peso del cumplimiento obligado de mi actividad laboral de ese momento, y por fin llegaba el fin de semana para descansar y dejar mis pensamientos en libertad, por dos días...

Me dediqué a barrer y a arreglar el apartamento, cuando vi el oso inmenso de peluche de Alejandra, sentado por detrás de la biblioteca, con el cuello hacia abajo; así que pensé en organizarlo mejor, poniendo una base por debajo.
En ese momento la biblioteca se derrumbó, lo que me obligó a retomar el trabajo desde el principio y sacar todo para lograrlo.

¡Oh sorpresa!

La mariposa estaba debajo del oso.

Esto respondía a mi oración más frecuente por esos días:
Dios, confírmame que mis hijos están juntos.

Encontrar la mariposa que me generó la sensación de sentir cerca a Mateo, junto al oso preferido de Alejandra —que le servía de cojín para ver televisión o leer los libros que tanto le gustaban—, fue la respuesta a mi pregunta. Algo más que quedaría solo en mi corazón, por algún tiempo.

Pero aún no era respondida la otra pregunta: ¿Por qué una mariposa negra?

En esa misma semana, cuando aún tenía la bella sensación de cercanía con mi hijo, un canal de televisión me solicitó el permiso para sacar una nota sobre el caso de Alejandra y pidieron apoyo de imágenes. Busqué en el archivo las fotos más recientes que correspondían a nuestro inolvidable viaje a la tierra de mis ancestros, Cartagena de Indias, y para mi sorpresa, encontré aquella foto de cuando me pidió un tatuaje en su espalda...

El tatuaje que había elegido Alejandra había sido, precisamente, una mariposa negra.

Mis hijos estaban juntos y yo agradecía con lágrimas la respuesta...

Hoy en día, valido la importancia de la simbología en el duelo. Sabemos que no es que se hayan convertido en esos símbolos, pero recordarlos desde el amor, sintiéndolos cerca, y parte activa de nuestra vida, siempre generará en nosotros una sonrisa, acompañada de la palabra:

¡GRACIAS!

EPÍLOGO

Este es un libro escrito al carbón, con la llama ardiente de los sentimientos y, desde la brasa, con las cenizas del recuerdo.

Me hubiera encantado que la historia fuera diferente; sin embargo, cuando aprendes a confiar en Dios, los finales siempre son felices.

Independientemente del resultado, TODOS GANAMOS; ganamos nosotros por haberlos tenido y ganaron ellos el premio más importante: la corona, el galardón, la medalla por traspasar la meta, triunfadores, invictos, orgullosos del camino recorrido.

Seguiré con la esperanza del reencuentro, cuando las lágrimas sean reemplazadas por una sonrisa...

...DESPUÉS DE QUE ALGUIEN QUIERA BAILAR POR MÍ ALREDEDOR DE UNA HOGUERA, FELIZ PORQUE REGRESÉ A CASA.

FIN

LOS ROSTROS DE ESTA HISTORIA

Navidad de 2011.
Foto con mis hijos Mateo y Alejandra

Últimas vacaciones con Mateo, 2013

Fabián (padre de mis hijos), Mateo, a la edad de 10 años, y yo, Eveline, esperando a Alejandra.

Fabián y Mateo en Isla Barú- Cartagena, Bolívar. 2013

Mamá Josefina - ´Jose´, con su guitarra

Papucho

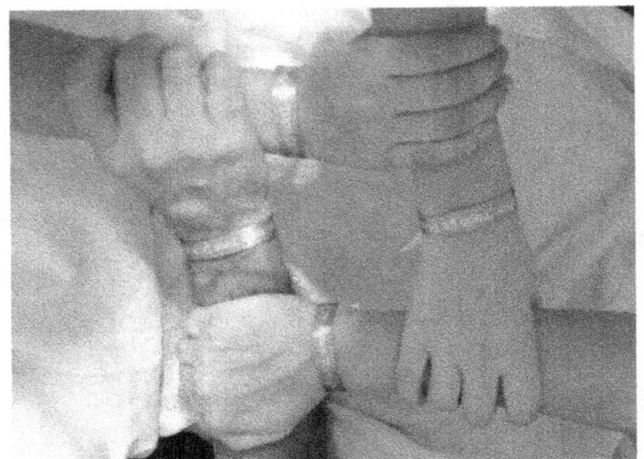

Manillas "Con amor todo se puede"

*Mi hermano Eduardo en la hospitalización de Jacquie.
Diciembre de 2016*

Con mi hermana Jacquie

Papucho, Jacquie, mi hermano Eduardo y yo

Yo a la edad de 18 años, embarazada de Nicolás

Último viaje de Alejandra.
Camino a Cartagena, meses antes de "regresar a casa" 2012

Familia Lineros Goubert, 2006

Fabián

Papucho y Aleja, 2011

Mi mamá y su Renault 4

Mi pequeña gran familia

Minnie, muñeco favorito de Alejandra

Tatuaje de la mariposa negra. Foto tomada en Cartagena

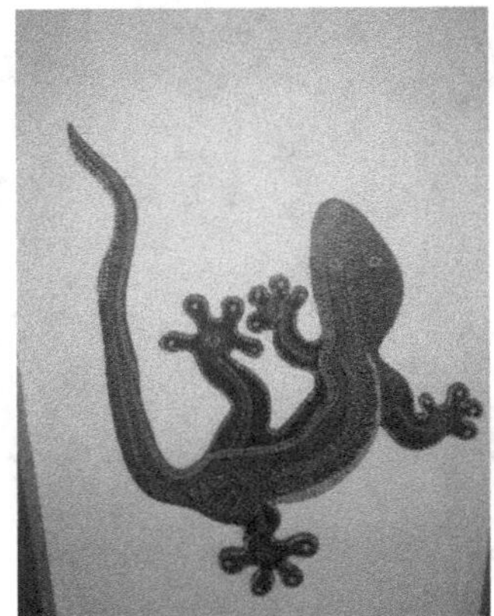

Las lagartijas que pintaba para pasar las noches

Mateo, Alejandra y Minnie.

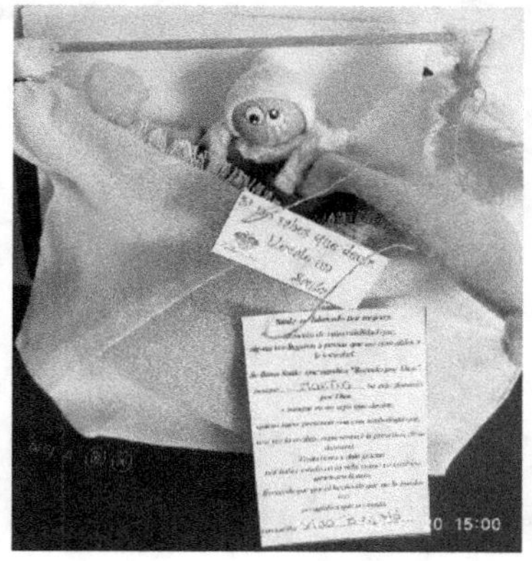

Saulo: Una manera asertiva de acompañar el duelo

Velero Twins, diciembre de 2012. (El mástil)

Conferencias "Yo pienso al r3v3s"

Adriana, cuñada y hermana por elección, y a quien agradezco infinitamente el éxito de "Superando lo insuperable", en Ecuador

Oscar y yo.

UNA NUEVA VIDA...

Septiembre 11 de 2016

Bibliografía

Lechuga, M. (2019). *Así es la vida.* Chile: Penguin Random House, Grupo Editorial.